陳攖寧 著
蒲團子 編

陳攖寧文集・二

業餘講稿
仙學必成
靜功療法

心一堂

書名：**陳攖寧文集 二** 業餘講稿、仙學必成、靜功療法
作者：陳攖寧
編者：蒲團子
責任編輯：陳劍聰
出版：**心一堂有限公司**
通訊地址：香港九龍旺角彌敦道610號荷李活商業中心十八樓05-06室
深港讀者服務中心：深圳市羅湖區立新路六號羅湖商業大廈負一層008室
電話號碼：(852)90277110
網址：publish.sunyata.cc
電郵：sunyatabook@gmail.com
網店：http://book.sunyata.cc
淘寶店地址：https://shop210782774.taobao.com
微店地址：https://weidian.com/s/1212826297
臉書：https://www.facebook.com/sunyatabook
讀者論壇：http://bbs.sunyata.cc
版次：二〇二〇年七月初版
平裝
定價：港　幣　二百五十八元正
人民幣　一百八十元正
新臺幣　九百九十八元正
國際書號：ISBN 978-988-8583-42-3

香港發行：**香港聯合書刊物流有限公司**
地址：香港新界大埔汀麗路三十六號中華商務印刷大厦三樓
電話號碼：(852)2150-2100
傳真號碼：(852)2407-3062
電郵：info@suplogistics.com.hk
臺灣發行：**秀威資訊科技股份有限公司**
地址：臺灣臺北市內湖區瑞光路七十六巷六十五號一樓
電話號碼：+886-2-2796-3638
傳真號碼：+886-2-2796-1377
網絡書店：www.bodbooks.com.tw
臺灣秀威書店讀者服務中心
地址：臺灣臺北市中山區松江路二〇九號一樓
電話號碼：+886-2-2518-0207
傳真號碼：+886-2-2518-0778
網絡書店：www.govbooks.com.tw
中國大陸發行　零售：**深圳心一堂文化傳播有限公司**
地址：深圳羅湖區立新路六號羅湖商業大厦負一層008室
電話號碼：(86)0755-82224934

陳攖寧文集・二 目錄

仙學專著卷中

仙學專著卷

中

參同契講義（乙本）

陳攖寧 著

大易總敘章第一

乾坤者，易之門户，衆卦之父母。坎離匡廓，運轂正軸。

釋辭

乾坤 兩個卦的名辭。乾爲天，坤爲地； 乾屬陽，坤屬陰。

易之門户 易，一日一月也，故日月交光謂之易道。易經上又說：「闔户謂坤，闢户謂乾。」能闔能闢，所以稱做「門户」。

衆卦 包括六十二卦，除去乾坤兩卦爲父母不算。

坎離 亦是兩卦的名辭。坎是水、是月； 離是火、是日。

匡廓 匡是圍，廓是空。

坎離匡廓 水和月均是外陰而陽，火和日均是外陽而內陰。陰包陽，陽包陰，好像匡廓，所以說「坎離匡廓」。

運轂正軸 轂是車輪中心的圓木，軸又貫在轂的中心，若要運動車轂，必須端正車軸。此處轂譬猶身，軸譬猶心，說要運用人身的水火、陰陽、日月，必須要正人心，不得稍存邪念。**頂批**　又仇註：「『轂』『軸』二字，與『門户』『槖籥』例看，亦取牝牡之意。蓋車上軸頭正固，方能運轂。猶人身劍峯剛健，方能御鼎。軸指下峯崑崙，不指中心主宰。下文『處中制外』纔言及正心。」

直解

乾坤兩卦乃是易道的門户，六十二卦的父母乾生三男震、坎、艮，坤生三女巽、離、兑。陰陽相交，生子生孫，變成六十二卦，皆以乾坤爲本，故爲衆卦之父母。坎離兩卦，陰包陽，陽含陰，好像匡廓。而運動車轂者，必先置正轂中的車軸。

牝牡四卦，以爲槖籥，覆冒陰陽之道。猶御者之執銜轡，有準繩，正規矩，隨軌轍，處中以制外。

釋辭

牝牡　雌雄也，陰陽也。

四卦　乾坤坎離也。

橐籥　即鞴囊、氣管，俗名「風箱」，乃通氣往來的虛器。譬喻陰陽的門户。道德經云：「天地之間，其猶橐籥乎。」又上陽子云：「橐象坤門，籥象乾户。」

覆冒　包裹之意。

銜　馬口鐵。

轡　馬韁。

準　驗平器。

繩　驗直器。

軌轍　兩輪中距離車輪跡。古云：「閉門造車，出門合轍。」

直解

乾坤鼎器坎離藥物，一雌一雄，一陰一陽，四個卦象，做彼此相通、往來不窮的橐籥，用以包括一切陰陽的道理。猶之乎御馬的人，執着銜轡，有一定的準繩，正一定的規矩，隨着所行的軌轍，處其中以制其外。這是譬喻修道的人，只要一心不亂，念念規中規中不單指清淨言，南派丹法在陰陽接觸、小往大來之時，亦須知雄守雌、存無守有，恍惚杳冥，念念規中，使真人潛深淵，自優遊而舒適，結果自有神妙不測的變化。不必再去注意工夫的效驗，而效驗自來。亦猶御馬者，不必去細看馬的怎樣走法，只要執着銜轡準繩，正着規矩，隨着軌轍，則馬之行也，自會達到目的地。莊子云「樞始得其環中，以應無窮」，亦是這個意思。

數在律曆紀，月節有五六，經緯奉日使。

釋辭

律　十二管也。

曆　十二月也。

月節有五六　一月之節共六候，一候計五日，五六三十日。

經緯　存存子說：「六候之爲金爲水，一定不易，所謂『經』；朝暮之用屯用蒙，進退隨時，所謂『緯』。」又註：「經指月節，緯指日辰。」**蒲團子按**　「經指月節，緯指日辰」當是知幾子註語。**頂批**　又陸西星說：「經者南北長短之位，即悟真所謂『前行』『後行』也；緯者東西往來之用，即參同所謂『龍西虎東，建緯卯酉』也。」

奉日使 陸註：「奉日使者，元化之宰，每日必以使者值符。丹法朝屯暮蒙，經緯互用，亦如奉日之使也。」

直解

修丹的道理，和天運循環、陰陽往復的例子相同，所以他修的氣數在律正合十二管（頂批：十二律，黃鐘、大呂、太簇、夾鐘、姑洗、仲呂、蕤賓、林鐘、夷則、南呂、無射、應鐘也），在曆正合十二月。而每月以五日爲一候，三十日共爲六候。六候之中，前三候爲金，後三候爲水，用以調和營衛，補氣補血，爲之經；而一日之中，朝進陽火，暮退陰符，自屯、蒙、需、訟以至既、未，爲之緯。如此奉日奉月，有經有緯，好像每日奉着值符使者的命令一樣。

兼併爲六十，剛柔有表裏。朔旦屯直事，至暮蒙當受。晝夜各一卦，用之依次序。既未至昧爽，終則復更始。

釋辭

六十 六十四卦除去乾坤坎離則爲六十卦也。

屯直事　震下坎上䷂爲屯卦。震爲長男，而能復坎中之陽，以施生育之德，故謂「屯直事」。**頂批**　復者，「回」的意思。

蒙當受　艮上坎下䷃爲蒙卦。艮爲少男，而能聚坎中之陽，以行温養之功，故謂「蒙當受」。**頂批**　聚者，「止」的意思。

直解

一月三十日，一日一夜共兩卦，兼併共計六十卦。剛是陽，柔是陰；　剛是金，柔是水；　剛是鉛，柔是汞；　剛是氣，柔是神；　剛是命，柔是性；　剛爲表衛，柔爲裏衛：　所以「剛柔有表裏」。而自初一日之旦辰始，則進陽火，爲屯卦直事；　到暮晚時退陰符，則蒙卦當受。至明日（初二日）之旦辰進陽火，則需卦直事；　暮晚退陰符，則訟卦當受。如此依次挨排，計日用卦，則朝師暮比、朝小畜暮復，晝夜各用一卦，直到月晦日，則正值朝既濟暮未濟，以至次月之朔，再復朝屯暮蒙，所以說「終則復更始」。然不過易經上的卦名如此耳，其實沒有什麽深意。所以，張紫陽真人說：「此中得意休求象，若究羣爻漫役情。」又說：「卦中設象本儀形，得象忘言意自明。後世迷徒惟泥象，却行卦氣望飛昇。」

日辰（一作「月」）爲期度，動靜有早晚。春夏據内體，從子到辰巳。秋冬當外用，自午訖戌亥。

釋辭

期度　即火候與法度也。

春夏内體，秋冬外用　朱夫子說：「春夏謂朝，秋冬謂暮，内體謂前卦，外用謂後卦。」又彭真一子說：「陽火自子進符，至巳純陽用事，乃内陰求外陽也；陰符自午退火，至亥純陰用事，乃外陽附内陰也。」由内至外謂之「内體」，由外至内謂之「外用」。

直解

這是申言修鍊的火候。一日一辰，一月一年，其陰陽、進退、消息、升降的道理，完全是相同的。一日、一辰有四時，可以用子午卯酉等地支相計算。而一月、一年亦有四時，可以用子午卯酉等地支相計算。所以，可用日、辰作爲期度，而年、月可以類推。動屬陽，是早；靜屬陰，是晚。春夏則由內陰而求外陽，進陽火也，是以從子到辰巳，謂之「據內體」；秋冬則由外陽而附內陰，退陰符也，是以自午訖戌亥，謂之「當外用」。一年如此，一月如此，一日、一辰亦如此。

賞罰應春秋，昏明順寒暑。爻辭有仁義，隨時發喜怒。如是應四時，五行得其理。

「理」字，一作「序」。

釋辭

爻辭　周易每卦有六爻，即六畫也。但畫有奇偶，奇爻爲⚊，屬陽，陽爲仁；偶爻爲⚋，屬陰，陰爲義。爻辭者，周易每爻之爻辭也。

直解

賞應春，罰應秋，昏順寒，明順暑。細玩爻辭，有仁有義。隨其時候，發喜發怒。這都是合乎一陰一陽的性情。陸註云：「此乃總結，以明丹道之與天道、易道無不不相準。蓋賞罰喜怒者，火候文武慘舒之用也。天道春一噓而萬物以生，秋一吸而萬物以肅。易書爻辭，喜而扶陽，怒而抑陰，莫非消息自然之理。丹法進火退符，一準是道。故昏則宜寒，爲罰爲怒；明則宜暑，爲賞爲喜。一日之中而四時之氣俱備，皆要順其自然，非有所矯揉造作於其間者。如是，則身内之五行各得其序，而丹道可冀其成矣。」

乾坤二用章第二

天地設位，而易行乎其中矣。天地者，乾坤之象也；設位者，列陰陽配合之位也；易謂坎離，坎離者，乾坤二用。二用無爻位，周流行六虛。往來既不定，上下亦無常。以天地而論，本無所謂爻位，不過陰陽、消息、升降耳。蓋周易一書，本爲範圍天地、曲成萬物，無論大小，均可取象也。

釋辭

天地設位　上天下地，設立成陰陽配合的位置。

易行乎其中　即日月行乎其中。

天地者，乾坤之象也　乾鼎坤器，正所以象陰陽也。乾鼎坤爐器，喻男女也。

乾坤二用　坎爲乾家之用，離爲坤家之用，故謂「乾坤二用」。

爻位　即陰爻陽爻在卦中之位也。

六虛　本易傳「變動不居，周流六虛」之義。朱子說：「六虛者，即乾坤兩卦六爻虛位也。」此處譬人身中之精氣，能上下周流，而無間隔阻礙之所也。

直解

上天下地，設立成了陰陽的位置，而日月往復迴環的運行乎其中。天地即是乾鼎坤爐的大象。乾鼎爲陽，坤爐爲陰，故乾坤亦列有陰陽配合之位。

日月爲易。易謂坎離者，蓋坎離爲人身之日月，而日月爲天地之坎離。又日月爲天地之易，坎離爲人身之易； 日月爲天地之二用，坎離爲人身之二用即指乾鼎坤爐。日月二用，在天地間，固無定位，而周流行乎六虛之間； 坎離二用，在乾鼎坤爐之中，恍惚杳冥，亦無一定爻位，而周流乎人身之六虛，以補氣補血。

然坎離二氣之運用，但覺融快乎身心，而其往來則不定，是以上下亦無常。此蓋形容我之汞精與彼之鉛氣一交之後，先天之炁即淵源而入我身中，自有周流六虛、往來不定、上下無常之景象。

幽潛淪匿，變化於中。包裹萬物，爲道紀綱。以無制有，器用者空。故推消息，坎離没亡。頂批 制，製也。

釋辭

幽潛　幽玄而深潛也。

淪匿　没藏而不見也。

爲道紀綱　先天大藥爲道之綱，逐月火符爲道之紀。仇知幾言如此。

以無制有　即存無守有之意。

器用者空　本道德經「埏埴以爲器，當其無，有器之爲用」之虛能受物之意。

坎離没亡　水火已調陰陽合，混混沌沌，一切皆忘，尚何有坎離哉？故云：「坎離没亡。」

頂批　陸西星云：「坎離二用，是藥是火，往來上下，莫非此二者之周流。但幽潛淪匿，隱秘而不可見。雖不可見，而其中却有變化。故順之則人，包裹萬物；逆之則丹，爲道紀綱。二用之妙，有如此者。論至於是，則坎也，離也，不在爻，不在位，不在易，而在吾人矣。」

直解

先天一炁，幽玄而深潛，杳冥恍惚，没藏而不得見。然及其時至機動，一陽爻生，則自然變化於中，生天生地，生人生物生仙，皆賴此一炁，故云「包裹萬物」，而「爲道紀綱」。然此先天一炁，若用心求之，則必不能得。必須以無心求之，藉象罔而得玄珠，非離朱、喫詬之所能求也。故云：「以無制有，器用者空。」蓋謂器若實者，則不能得其用。故器中空者，乃能受而得其實用。此無論清靜、陰陽，皆如此。

清靜者，若不能虛極靜篤，則一陽不生。陰陽者，若離家不能中空其器，則坎宮之氣安能默運過來？然空之與氣，本不相離。關尹子說：「衣摇空得風，氣噓物得水。」摇物生風，則鼓物可以生氣；噓物得水，則積炁可以化精。是氣水、炁精，本是一物之變化，蓋可分可合者也。

消息者，諸家皆云「進火爲息，退符爲消」。一消一息，其陰陽升降進退之時，自有一種融和温薰之景象，不識不知，順帝之則，尚安知有坎離二爻存乎其間哉？

又一說：「息則朔旦至望，震兑乾爲陽火；消則望後至晦，巽艮坤爲陰符。一日兩卦，始自屯蒙，終則既未，皆六十卦爻之妙用，並無坎離可見，是『坎離没亡』也。」亦通。

中宮土德章第三

言不苟造，論不虛生。引驗見效，校度神明。推類結字，原理爲徵。坎戊月精，離己日光。日月爲易，剛柔相當。土旺旺，去聲四季，羅絡始終。青赤白黑，各居一方。皆秉中宮，戊己之功。

釋辭

校度　度，音「鐸」；　校，細細的測量也。

推類結字　即推古人作字之意。如並「日」「月」而爲「明」，疊「日」「月」而成「易」，合「日」「月」而成「丹」，皆是。

坎戊　彼之真意。

離己　我之真意。

中宮　彼我雙方之中宮。

直解

魏公，真人也。真人者，真實而無妄，所以言語不肯苟造，議論不肯虛生，况且引驗而能見效，測量合乎神明，又推類古聖作字之意，即原其理以爲徵。

彼鉛家之戊土，實含月之精；我離家之己土，宜藏日之光。而於是彼之坎月、我之離日，互爲交易，方得鉛汞之剛柔相當、陰陽之情性和合。然所以能如此者，必須用土。

觀乎五行之土，分旺四季，而羅絡乎終始，萬物生成，皆不能外之例，則知作丹之道，亦同此理。

丹家之土謂何？即真意也。彼之金水，我之木火，若無真意去融會貫通，而混一之，則木魂之青、火神之赤、金魄之白、水精之黑，各居一方，分離散失，永無成丹之望。若欲成丹，則必須坎離兩家都用中宮的真意，寂然不動，感而遂通，自然兩而化者變一而神，豈非坎戊離己二土妙用之功哉？悟真篇云：「坎離若也無戊己，雖含四象不成丹。只緣彼經懷真土，遂使金丹有返還。」亦是這個意思。

日月神化章第四

易者象也。懸象著明，莫大乎日月。窮神以知化，陽往而陰來，輻輳而輪轉，出入更卷舒。

釋辭

窮神知化　本易傳「窮神知化，德之盛也」語。

輻輳　辭源：「輻，車輪中直木內輳於轂、外入於牙者；輳，輻共轂聚也。」此處喻陰陽循環轉輪，如輻之輳轂而不停也。

直解

易是日月。日月者，象也。懸象於太空，最爲顯著而明白者，莫大乎日月。窮者，推也。推日月交易生養萬物之神以知化理，亦即可推離己日光與坎戊月精彼此相射交易而生人生仙之神以知化理。蓋皆不外陽往則陰來、此往則彼來、小往則大來。如輻之輳轂，輪轉不停之理耳。

出入更卷舒者，知幾子說「鍊已純熟，溫養火符，出入有度，操縱由已」是也。然此但就陰陽派而言，範圍似乎狹小。存存子說「日月行乎黃道之上，一出一入，迭爲盈虧，互爲卷舒」，則其理包羅萬象矣。

朔受震符章第五

易有三百八十四爻。據爻摘符，符謂六十四卦。銖有三百八十四，亦應卦爻之數。晦至朔旦，震來受符。當斯之時，天地媾其精，日月相撢持；雄陽播玄施，雌陰統黃化；渾沌相交接，權輿樹根基；經營養鄞鄂，凝神以成軀；眾夫蹈以出，蠕動莫不由。

釋辭

三百八十四爻　謂易共六十四卦，每卦六爻，共合三百八十四爻。知幾子云：「大藥重一斤，計三百八十四銖。易有三百八十四爻，其數適相當也。」

符　抱一子說：「符，即爻畫也，非別有符也。據易言之，謂之卦；據丹言之，謂之符。故曰：『符謂六十四卦也。』」惟存存子說「一卦有六爻，一爻有三符」，則與上說不同矣。**頂批**　按「一爻三符」之說，本上陽子。上陽子云：「一爻有三符，一日一卦，有三十六符。」

撢　音「探」。

玄施 玄乃天之色，施則天施之意。

黃化 黃乃地之色，化則地生之意。

權輿 始初之義。古人作衡自權始、造車自輿始。《詩》云：「不承權輿。」此其證也。

鄞鄂 即命蒂也。因花之蒂鄞鄂音「銀諤」。

蝡動 動物也。

直解

易有三百八十四爻，正合藥重一斤三百八十四銖。除去坎離震兌四卦四六廿四爻，則三百六十爻。據其爻象而摘採其符，則以一爻當一時。一日十二時，一月則三百六十時，則三百六十爻盡矣。符即指六十四卦爻中之符。由三十日晦至初一朔旦，乃陰極生陽之時，故震卦來受符。

震卦☳，一陽生於二陰之下，故當此之時，正天地媾精、日月撢持之候，雄陽之虎播其玄施，雌陰之龍統其黃化，混沌交接，權輿樹根，經營以養其命蒂，凝神以成其聖身軀。此論仙家作丹之道也。然而生人生物之道，亦由乎此，不過順逆、動靜異耳。所以，凡眾之夫，亦蹈此以出，而蝡動之物，亦莫不由之。

天心建始章第六

於是仲尼讚鴻濛，乾坤德洞虛。稽古當元皇，關雎建始初。冠婚炁相紐，元年乃芽滋。

釋辭

讚乾坤 即夫子讚易「大哉乾元」「至哉坤元」等語也。

鴻濛 形炁未具曰「鴻濛」。

洞虛 洞然而虛空也。

稽古 尚書語。

關雎 詩經首篇。

冠婚 禮記所重。

元年 春秋書元年，人君正位之始。

頂批 「讚乾坤」「德洞虛」者，易也，無極也；「稽古元皇」者，書也，無極生太極也；「關雎」者，詩也，太極生陰陽也；「冠婚」者，禮也，陰陽相交也；「芽滋」者，春秋也，陰陽交而生萬物也。

直解

因此之故，所以仲尼稱讚乾坤而鴻濛之德洞虛，稽古思元皇之治道，關雎詠夫婦之始初，冠婚後其烝自相紐，元年則事物均芽滋。

故易統天心，復卦建始初。長子繼父體，因母立兆基。

釋辭

長子繼父體　震卦☳下之一陽爻爲長子。父謂乾，乾三畫皆陽。今長子從坤母☷三陰中忽得乾父之一陽，故云「繼父體」。

天心　天地生物之心。易曰：「復其見天地之心乎。」

直解

易即日月。日月一交，天心即現，故易統天心。

復䷗，即月與日交，陰與陽交，晦後之朔，坤中之震，以上爻之剝極則謂之「復」。

此中有先天一炁，謂之「天心」，天人生仙，莫不由之。故云：「復卦建始初。」

長子繼父體，即震卦代乾；因母立兆基，謂由坤得體。存存子云：「以丹法言，震爲龍，龍即長子，即悟真所言『家臣』。繼者，代也。長子代父之體，乘其活子時至，投入母懷**按** 母懷即指坤鼎而言，這氣精交感，先天真鉛之兆基於此而立，即丹經所謂『太陽移在月明中』也。」

聖人不虛生，上觀顯天符。天符有進退，詘信以應時。消息應鐘律，升降據斗樞。

釋辭

聖人 仇云：「指作易之聖及黃老二聖也。」

天符 天機也。陸云：「上觀天文，知天地之陰陽升降、日月之晦朔盈虧、歲序之寒暑往來、日辰之昏明早晚，莫非天符之顯然者。」陶云：「月行於天，一月一度，與日交合，謂之『天符』。」

進退 自朔至望，進也；自望至晦，退也。

詘伸 即屈伸也。

鐘律　即黃鐘律呂，每月換一管，一歲換盡十二管。**頂批**　六律爲陽律，黃鐘、太簇、姑洗、蕤賓、夷則、無射也；　六呂爲陰律，林鐘、南呂、應鐘、大呂、夾鐘、中呂也。

斗樞　北斗之樞機，每時移一位，一日移遍十二辰。

直解

聖人不是虛生者，故上觀顯然之天符，則天符有進退，自當順其屈伸以應其時，而作丹之道，其火候消息當應黃鐘之律數，其火候升降當據北斗之樞機。按鐘律六陽六陰，一進一退，故象火候之消息。而斗樞者，即北辰，亦即天心也。孔子云：「爲政以德，譬如北辰居其所而眾星拱之。」蓋謂其能端拱無爲，無爲而無所不爲也。今作丹之斗樞，蓋謂人身之斗柄，亦當端居不動，守雌不雄，專其炁而致柔，則火候之升降，自然合度矣。

日月始終章第七

日含五行精，月受六律紀。五六三十度，度竟復更始。原始要終，存亡之緒。

釋辭

日含五行精　日爲太陽元精，中含五采，五行之精所化，萬物得之而成五色。以丹道言之，則火是也。

月受六律紀　月乃太陰，其體全白，必借光於日。晦朔弦望，皆以去日之遠近爲標準。月晦之日，與日合璧。一年之中十二月，與會者十二度。聖人以六律六呂紀之。以丹道言，則藥也。

直解

日則含五行之精，月則受六律之紀。五行與六律相乘，正合三十度數。度竟則日月合璧，晦也；更始則合璧之後，月光復。終而復始，始而復終，存而復亡，亡而復存，甦也。故原始要終，爲存亡之緒。

藥生象月章第八

三日出爲爽，震庚受西方。八日兑受丁，上弦平如繩。十五乾體就，盛滿甲東方。蟾蜍與兔魄，日月炁雙明。蟾蜍視卦節，兔者吐生光。七八道已訖，屈折低下降。頂批　乾，甲、壬；　坤，乙、癸；　坎，戊；　離，己；　震，庚；　巽，辛；　艮，丙；　兑，丁。

釋辭

爽　昧爽也。

蟾蜍　月之精。

兔魄　月之體。

直解

蓋月自三十日晦後至初三日哉生明，新月陽光出而爲爽，見於西方庚位，象一陽起於二陰之下，故云「震庚受西方」西方者，庚金也。初八日象兑卦☱，由一陽進爲二陽。

兌卦納丁為南方火位，正值上弦，月光其平如繩。至十五，則三陽盛滿，乾體就矣。乾納甲，甲屬木，在五行之方位為東方。蓋蟾蜍月精與兔魄月體，必待望日日月之氣雙對而始明，故陰陽必須合而離坎必須交也。**頂批**　仇註：「此申前章朔旦震符，釋經文『震出為徵，陽氣造端』一章之意也。此一節言上半月之三候，乃昏見者。」至蟾蜍之所以生，惟視乎卦節下之陽漸長，則蟾蜍之精漸生，然後兔魄者吐之以生光明。

按：　此節諸家皆謂象鼎中藥生之候也。蓋以一月而論，則當由初三以至十五。然一候之中、一日之中、一時之中、一刻之中，皆有初三至十五之象，所謂簇月於日、簇日於時、簇時於片刻，此則在臨爐時善於體會與運用耳，不易以筆墨宣也。先哲云：「月之圓存乎口訣，時之妙在乎心傳。」即此一時半刻之火候也。

七者，少陽之數；八者，少陰之數。七八即十五之代表。月之十五為望，陽氣盛極。盛極必衰，以比丹道之陽火既極必換陰符，此一定之理。故云：「七八道已訖。訖者，終也，至也，屈折低下降。」

陰符轉統章第九

十六轉受統，巽辛見平明。艮直於丙南，下弦二十三。坤乙三十日，東方喪其明。節盡相禪與，繼體復生龍。按 此節俱屬晨見者。

釋辭

受統 陸云：「轉受陰統。統者，統制之義。」

直解

十六則陽道屈折下降，轉受陰符統制，一陰生於二陽之下，於象爲巽☴，平明見於西方之辛位。艮卦☶則一陰進爲二陰，二陽退爲一陽，平明直於南方之丙位，正是下弦二十三之時。坤乙三十日，則三陰俱全，三陽俱退，卦爲純陰，月爲全晦，故於東方乙位喪其光明，蓋日月合璧之時。然合璧之後，卦節雖盡，而陰極陽生，相與禪代，復由晦之朔旦，震來受符矣。震爲長男，長男屬木，爲青龍，故云「繼體復生龍」。

按：此節合上節之上下弦，有兩說。據仇等所云，上下弦皆屬於彼家。上弦在前三候，屬金；下弦在後三候，屬水。進陽退陰，皆屬彼家鼎中之事。而陸西星註則據參同本文「上弦兌八，下弦艮八。兩弦合精，乾坤體成」之意，謂上下兩弦，分屬彼我。上弦象虎，先天之鉛也；下弦象龍，後天之汞也。象虎，故採彼家之鉛，以進陽火；象龍，故養我之汞，以退陰符。二說孰是孰非，或皆是皆非，姑不具論，惟望研究者自己參證可耳。

壬癸配甲乙，乾坤括始終。

直解

此節陸註頗明，姑照原註錄下。

月現之方，震下納庚，巽下納辛，兌下納丁，艮下納丙，乾下納甲，坤下納乙。卦節既周，而十干尚餘壬癸，則以壬癸而配甲乙，復分納於乾坤之下，是乾坤括納甲之始終也。夫乾納甲，而後納壬，則盛於甲者，未始不盛於壬；坤納乙，而後納癸，則喪於乙者，未始不喪於癸矣。然而不言離納己、坎納戊者，何也？土居中央，流行則無定位，故不言耳。

頂批　按甲乙屬木，壬癸屬水，水能生木，故天干壬癸終，即甲乙始，是其緊密接笱之處。故壬癸能配甲乙，而俱納於乾坤之中。

七八數十五，九六亦相當。四者合三十，易象索滅藏。

釋辭

七八　少陽數七，少陰數八，已見上。

數　易之策數。

九六　太陽數九，太陰數六。

頂批　又易中通揲蓍策數，餘三奇之數則爲九，餘三耦之數則爲六，二耦一奇則爲七，二奇一耦則爲八。或云：「七八九六，金水木火之成數也，故爲四象。」亦通。

直解

七八之數十五，九六之數亦是十五，四者爲易中之四象，正合三十而成晦，日月合璧，易象索然而滅藏矣。

象彼仲冬章第十

象彼仲冬節，草木皆摧傷。佐陽詰商旅，人君深自藏。象時順節令，閉口不用談。天道甚浩廣，太玄無形容。虛寂不可覩，匡廓以消亡。謬誤失事緒，言還自敗傷。別序斯四象，以曉後生盲。

釋辭

佐陽　養陽也。

詰商旅　先王以至日閉關，盤詰商旅，使不得行，以養微陽也。

直解

象彼仲冬節，十一月中，陽氣閉藏，草木皆已摧傷，於是養其微陽，同先王至日閉關之詰商旅。人君深自藏於内，猶真人之潛深淵。象其時以順其節，閉其口而不用談。蓋大道甚爲浩廣，太玄眇無形容，虛寂者不可覩，匡廓是以消亡。此蓋在「故推消息，坎離没亡」之候。若或謬誤失其事緒，多言還自敗傷，故别序此老陰、老陽、少陰、少陽之四象以曉後生之盲者。

推度符徵章第十一

八卦布列曜，運移不失中。元精眇難覩，推度效符徵。

釋辭

列曜　二十八宿也。

符徵　苗頭之驗也。

直解

八卦雖分布於列曜之方位，然其山澤通氣、水火相射、地天交泰、雷風相搏時之彼此運移，實不能失其中心之樞機。**頂批**　八卦分布，等推天上之列星，雖運移而中心不動。天地如此，人身何獨不然？欲一身之精神魂魄、水火木金之周流旋運，安能不藉夫中樞？

中樞者，虛無之一竅也，即玄關也。玄關若開，則元精可覩。惟玄關不易開，故元精眇難覩。必須推之度之。如何推度？即專心致志，純一不二，無欲觀妙，謹候其時。久之，則妙難覩者，自然忽而開闢。

玄竅之内，有效驗之符候，先天一炁之苗徵，應而發生矣。至其景象，則陰陽、清靜，皆屬相同。惟一則在神氣交姤之中，一則在龍虎相合之中。

居則觀其象，準擬其形容。立表以爲範，占候定吉凶。發號順時令，弗失爻動時。

釋辭

表 測日影之器，即日圭也。

爻動時 即恍惚杳冥中一陽爻動之時也。恍惚中有精，杳冥中有信，即靜極而動，虛中之一覺也。百字歌云：「此中真有信，信至君必驚。」

直解

居者，靜也。靜則觀八卦列曜以做工夫論，則此八卦列曜，但指人身之中；或以廣義論，則指天象矣、玄精符徵之象，準擬彷佛其形容。蓋人身本無所謂八卦列曜，惟以人合天，人在天中，則自與天象之八卦列曜相應，而彷佛想像其形容。

立表爲範者，因天時人事實有相通之處，故天之子時爲正子時，人之子時爲活子時。活子時則在人身可覺。「一日內，十二時，意所到，皆可爲。」正子時則有一定之時，如一日之子爲半夜，一月之子時爲晦朔，一年之子時爲冬至，此則須立表爲範。惟古時只有日圭、刻漏，至今日則可以鐘錶代之矣。參同發揮云：「大丹火候，不用時辰，何必立表占候？所以立表占候者，恐失天人合發之機也。」天人合發之機，即以活子時當正子時也。

占候者，占氣候也。吉凶者，和氣爲吉，戾氣爲凶；清氣爲吉，濁氣爲凶；純粹先天爲吉，夾雜後天爲凶。既以立表爲範，又復占定吉凶，如是則時弗可失也。故宜「發號順時令，勿失爻動時」。

發號，即發剛柔相交、陰陽互戰之號；順時令，即順天人合發之時令。靜極而動，一戰而天下平。先哲云：「君子有不戰，戰必勝矣。」此言雖論軍事，可喻丹道。

頂批　又陸西星云：「象以擬形，則知藥材之老嫩；表以測日，則知火候之消息。吉凶者，火候中之休咎也，如隆冬大暑、盛夏霰雪之類。」

上察河圖文或作「天河文」**，下序地形流，中稽於人心**「心」或作「情」**，參考合三才。動則依卦變，靜則循彖辭。乾坤用施行，天下然後治。**

釋辭

河圖文　先天八卦，謂之河圖，即天文也。故他本或作「天河文」。

卦變　即由坤而復、而臨、而泰、而大壯、而夬、而乾，由乾而姤、而遯、而否、而觀、而剝、而坤也。

彖辭　即「大哉乾元，萬物資始」「至哉坤元，萬物資生」等語也。

循　順也。

直解

上察先天河圖之卦文，下序大地形質之源流，中稽人心七情之變化。天、地與人，謂之三才，故參考而合此三才，皆是動則依其卦變由坤而復，由陰變陽，聽其自然耳，而靜則順其彖辭。於是乎，天則資始，地則資生「資始」「資生」皆是彖辭。資始資生，行乾坤之二用。乾坤之二用，既以施行，則致中致和，位天地，育萬物矣。故云：「天下然後治。」此論天地之象也。

今以人身論之，則陽性爲乾，陰性爲坤，陰中之陽爲坎即所謂虎之弦氣，陽中之陰爲離即所謂龍之弦氣，是乾坤之二用。此二用施行，則以致中致和，人身同天地一般而治矣。

御政之首章第十二

可不慎乎？御政之首，鼎新革故。管括微密，開舒布寶。要道魁柄，統化綱紐。爻象內動，吉凶外起。五緯錯順，應時感動。四七乖戾，誃離仰俯。文昌統錄，詰責台輔。百官有司，各典所部。

直解

可不謹慎乎？御政的起初，應當有鼎新的氣象，革去故舊陳腐的政治。而知幾子以爲，此修道者革去故鼎，而易新鼎也。上陽子則以爲遷善改過謂之鼎新革故。存存子則曰：「鼎新，一陽初動，藥苗正新也；革故，陽火忽萌，改革重陰也。」

管括微密，或云指地宜謹嚴，或云指鼎防破真。或云：「管括微密者，『耳目口三寶，固濟勿發通，凝神以固氣』也。」

開舒布寶者，是開誠布公之義。或云，即對鼎而言，須待以誠心而施以恩惠，如是則藥真意投，可以有求必獲。

要道者，陰陽交接之要道也，是全在乎魁柄謂乾家之物，喻下崑崙也，以統制造化綱紐綱紐，謂如網之有綱、衣之有紐，謂關鍵處也。**頂批**　舊解「魁柄」作「辰極」，但斗柄乃外指者，辰極乃居中者，有上下表裏之辨。

惟是爻象內動即活子時在內發動，則吉凶即應之而外起。以清靜而論，爻象內動，即自身中的先天一炁發動。當此之時，能至誠專密，精心不二，毫無妄念，則其炁自能轉折上行，所謂「氣之輕清上升者爲天」，又云「氣之至而伸者爲神」，所謂由夾脊河車而上崑崙，此則吉也。若當爻象內動，自己心中不清，夾涉後天，或忽生淫念，則其氣則變爲後天濁氣，所謂「氣之重濁下凝者爲地」，又云「氣之返而歸者爲鬼，此則凶也」。蓋當此子爻發動之時，一轉念間，即爲神鬼生死之關、吉凶變化之地也。

若以陰陽而論，則於坎離交接之時，則此爻象動於鼎中。其適應到吾人之身，亦與清靜法同一道理。

五緯錯順者，五行緯星不順而逆行也。蓋丹道用逆而不用順，感動作用也。應時，臨期也。

四七，二十八宿也；乖戾，東南西北易位也。陸云：「南午北子龍西虎東，一時璇璣皆爲逆轉，故曰『乖戾』。」

誃，改移也。誃離仰俯者，柔上而剛下。是皆丹法逆用也，謂改移其仰俯之姿勢也。蓋本則坎仰而離俯，今則離仰而坎俯，所謂「地天泰」也。

文昌，喻臨爐之人；統錄，謂總持大綱；台輔，謂道侶；詰責台輔，謂凡糾察之權歸責任於道侶；百官有司，指供應任使之人；各典所部，謂各司其執事也。

或君驕溢，亢滿違道。或臣邪佞，行不順軌。弦望盈縮，乖變凶咎。執法刺譏，詰過貽主。辰極處正，優游任下。明堂布政，國無害道。

直解

君是乾，臣是坤。故或乾卦驕盈，亢滿違道，而恣行野戰；或坤卦邪佞，不順正軌，而攪動丹心。於是弦望盈縮，不能得其一定步驟，則乖變凶咎立見矣。

執法者，諫諍之官，此喻明理而能開導臨爐之主者。及至君驕臣佞，以致乖變凶咎，爲執法者，自不得不詰過於其主矣。蓋明告其不合於道也。

辰者，北辰也；極者，北辰中至中至小之一星，以比人靜定之心也。吾人靜定之心，處乎大中至正之地，而優游自適，則人身之氣機流暢，關竅開通。

任下者，不願爲上而爲下。經云：「夫江海能爲百谷王者，以其善下。」又云：「大國以下小國，則取小國。小國以下大國，則取大國。」又云：「以貴下賤，大得民也。」蓋世間惟下者乃能虛，虛者乃能受。虛心下氣，則先天自來，即知白守黑，則神明自來。此理推之修身、齊家、治國、平天下，皆可相通，不僅指鍊丹一端而言也。

「明堂布政，國無害道」者，即心正、身修、家齊、國治而天下平矣。

內以養己章第十三

內以養己，安靜虛無。原本隱明，內照形軀。閉塞其兌，築固靈株。三光陸沉，温養子珠。視之不見，近而易求。黃中漸通理，潤澤達肌膚。初正則終修，幹立末可持。一者以掩蔽，世人莫知之。 **頂批** 養己，道竅談極注意；安靜，指體不勞；虛無，指性；原本，原初身發起之地，約在命門；兌者，凡有缺口之處均是，如耳、目、口、鼻等，因兌卦☱上缺之故。

直解

內以養己之真性按 上陽子謂養己與鍊己有別。實精裕氣，養己也；對境忘情，鍊己也。養己指單，鍊己指雙，則當安靜而虛無。陸云：「安靜虛無者，無勞爾形，無搖爾精，一念不起，萬緣皆空，心若太虛，一物不着。」 **頂批** 神仙傳引彭祖語「萬事勞其形，百憂感其心」皆是。其原初的本來面目，隱藏其外耀之明，迴其光以內照自己之形軀，是故閉塞其兌兌者，口也。或云上口，或云下口，茲姑不論他是上是下，總須要修他閉住。然並非真要將他閉得密不通風，只須一心內守，則其口不閉而自閉也，築固築之使堅固也靈株陸云：「靈株，即靈根。」引黃庭經「玉池清水灌靈根」。仇云：「此指下峯。」，三光仇云：

「天有三光，日、月、衆星；　人有三光，兩目一心。」或云：　「即耳、目、口也。」陸沉以土沉水謂之「陸沉」。　此喻人之性光下照氣海。　性光，真土所生；　氣海，人身真水之源於氣海**頂批**　氣海即氣穴，孤修、雙修均有之。　孤修氣海在自己臍下，雙修氣海在交合之中心。　蓋皆是先天一炁發生之所，以温養用温文柔和之火，不用武烈爆急之火養之，謂之温養，即靜養也。　然孤修、雙修均可用之其子珠子珠，玄珠也。　陸云：　「神爲子炁，得陽火以鍊之，則子母相抱而成玄珠。」　**頂批**　子珠即汞，即内養自己之神水也。　靈源大道歌論之甚詳。　然此子珠，視之雖不可見，實則近在身心，只要陰陽一交陰陽交，一人可，兩人亦可，總之在玄牝之間，神氣混合之中，極易尋求。　於是吾身黄中**頂批**　黄中，即守黄中之功夫之道漸通其理理，即氣也。「黄中通理」，易語，施化潤澤而達於肌膚。　蓋其初能正其身心而合乎至道，則其終必能享受修齡；　其幹本能卓然樹立，則其支末亦必能自持而不倒也。　此蓋勗修道之人，能慎其始而固其本也。

然正者何？　幹在何？　即「一」是也。**頂批**　「一」即先天一炁，隱藏而不見。　此「一」即坎中一陽爻。　惟此一者，掩蔽而不能明，故世人莫能知之也。

知白守黑章第十四

上德無爲，不以察求。下德爲之，其用不休。頂批 上德，謂未破體者；下德，謂已破體者。上閉則稱有，下閉則稱無。無者以奉上，上有神德居。此兩孔穴法，金氣亦相須。「須」或作「胥」。

直解

上德者，不識不知，混沌未破，毫無嗜欲，純乎先天也。先天者無爲，故不以察求。陸云：「察求者，辨庚甲而知水源之清濁，象屯蒙爲火候之消息，是皆察察之政，不得已而用之者。上德則無須如此矣。」

下德者，知識已開，純乾已破，嗜欲多端，落於後天矣。既入後天，則當用返還之道，漸漸補養，故曰「其用不休」。陸云：「不休者，緜緜若存，不敢有一息之間斷也。」

上閉者，坎也；稱有者，坎中滿也。下閉者，離也；稱無者，離中虛也。頂批 陸云：「上閉者，坎中先天未擾之鉛，朕兆未萌；下閉者，離中後天久積之汞，固塞勿發也。」以離中之虛無處下，恭敬以迎奉其上。因其上有神妙之德所謂坎中先天之鉛也。**頂批** 在天地間爲道，在人身爲德；公者爲道，私者爲德，居於坎中之故。

上則爲坎，下則爲離。上則爲牝，下則爲牡，乃是兩個孔穴。夫此兩孔之穴之法，若一交合，則自有金氣相須乎其中矣。**頂批** 兩孔穴法，即玄關一竅。「此竅非凡竅，乾坤共合成；名爲神氣穴，内有坎離精。」

知白守黑，神明自來。白者金精，黑者水基。水者道樞，其數名一。陰陽之始，玄含黃芽。五金之主，北方河車。故鉛外黑，内懷金華。被褐懷玉，外爲狂夫。 **頂批** 精色爲白，水色爲黑，因白者不能即得，須守黑然後可得中白。

直解

倘能知其坎中之白，而守其坎體之黑，則上有之神明神德，自然而來矣。**頂批** 神明神德，即坎中之白也。蓋白者爲金精，居於坎中；黑者爲水基，即是坎體。陸云：「奉坎者，但守其黑。蓋晦盡之期，朔當自來，守之久久，自爾震來受符，而神明之德見矣。」

夫水者爲道之樞機，其生數名一天一生水，爲陰陽之原始。水在色爲玄，玄即黑也。**頂批**　冰雪得溫湯，解釋成太玄。　玄含黃芽**按**　黃爲土色。黃芽，土之所生。五行土能生金，則金即黃芽也，是五金金銀銅鐵錫也之主，乃北方水之方也之河車言能生陰生陽，可循環運轉，流通於一身者。陰真人云：「北方正氣爲河車。」。**頂批**　五金之主，言鉛也。因「北方河車」句可證。

鉛外黑者，即云坎水之體本黑也；　內懷金華，言水中有金也。被褐者，外黑也；　懷玉者，內白也。內懷玉而外被褐，故云「外爲狂夫」。**頂批**　褐，黃黑色無光澤者。

金爲水母，母隱子胎。水者金子，子藏母胞。真人至妙，若有若無。髣髴太淵，乍沉乍浮。進退分布，各守境隅。

直解

五行之中，金本爲水之母，而今則母反隱乎子胎之中。金在水內，是水生金矣。蓋先天之五行本顛倒，丹道宜逆用也。後天則不然，五行順行，金生水矣。故水爲金子，子藏乎母胞。修道之人，宜用先天，故採水金。**按**　金生水，水生金，本循環互用者。譬之乎月晦者，水也，朔旦則水生金矣；　望者，金也，既望則金生水矣。水金、金水，循環不息。

真人者，即先天一炁，水中金也； 至妙者，不可測也。真人至妙而不可測，故既恍惚若有，而又杳冥若無，髣髴如太淵太淵者，大海也之乍沉乍浮耳。此演臨爐交接之景象也。及其交接既已，則進退分布，各守境隅，不相涉矣。**頂批** 進退，進陽火、退陰符； 分布，即東三南二北一西四各守一方之意。

頂批 抱朴子微旨篇：「或曰：『竊聞求生之道，當知二山，不審此山爲何所在？ 願垂告語以祛其惑。』抱朴子曰：『有之，非華、霍也，非嵩、岱也。夫太元之山，難知易求，不天不地，不沉不浮，絕險緬貌，崔巍崎嶇，和氣絪緼，神氣並遊，玉井泓邃，灌溉非休，百二十官，曹府相留，離坎列位，玄芝萬株，絳樹持生，其室皆殊，金玉嵯峨，醴泉出隅。還年之士，絕其清流，子能修之，松喬可儔。此一山也。長谷之山，杳杳巍巍，玄氣飄飄，玉液霏霏，金池紫房，在乎其隈。愚人狂妄，至皆死歸。有道之士，登之不衰，採服黃精，以致天飛。此二山也。皆古賢之所秘，子精思之。』」**蒲團子按** 原引文未完，今據陳攖寧手蹟補全。

採之類白，造之則朱。鍊爲表衛，白裏真居。方圓徑寸，混而相扶。先天地生，巍巍尊高。旁有垣闕，狀似蓬壺。環匝關閉，四通踟躕。守禦固密，閼絕奸邪。曲閣相連，以戒不虞。可以無思，難以愁勞。神氣滿室，莫之能留。守之者昌，失之者亡。動靜休息，常與人俱。

直解

採取鼎中的先天一炁，即是水中金也。金在五行之中，其色主白，故云「類白」。及採得之後，入我身而爲丹。丹之色則赫赤而朱矣。何故色朱？蓋以火火在五行之色爲赤也溫養鍊爲表衛之故。**頂批**　以火爲鍊，故曰「朱」。表衛即「經營養鄞鄂」之意，由無形中造成一匡廓。然外雖爲朱，而裏則仍白。**頂批**　黃庭外景經第二章：「黃庭真人衣朱衣，關門牡籥闔兩扉。幽闕俠之高巍巍，丹田之中精氣微。」

真居者，如真人之居於中也。中在何方？即方圓徑徑，近也一寸之地，即今之所謂「方寸」也。方寸之間，混混沌沌，似相扶持**頂批**　混而兩者合而一，彼此互相扶持之意，而其實中藏之物，乃先天地生，巍巍尊高，無與比倫者也。道德經說：「有物混成，先天地生。獨立而不改，周行而不殆，可以爲天下母。」此即「先天地生，巍巍尊高」之意。旁則似有垣牆垣也闕宮闕也，其狀好像蓬壺。此則似說坤鼎四周的景象。而據云外丹地元之術亦有蓬壺等物。**頂批**　海上之神山有三壺，因山形似壺。

迴還周匝，關閉四通，均須踟躕不進不出之貌守禦，更當固密，尤宜閼遏也絕奸邪不明道之俗人也，即所謂匪人也。**頂批**　踟躇，相通之意。

「曲閣相通，以戒不虞」者，或指一時恐有奸人入內，修丹者可以隨時見機走避以防萬一也。蓋謂雖已環匝關閉，四通踟躕，守禦固密，閼絕奸邪也，猶恐萬一有不測之事發生耳。謹之至、慎之至也。**頂批** 「相通」之「通」，他本或作「連」。

「可以無思，難以愁勞」，又指內養之事矣。然而「神氣滿室，莫之能留」者，蓋不知「守之者昌，失之者亡。動靜休息，常與人俱」之道理耳。**按** 中庸曰：「道也者，不可須臾離也，可離非道也。」老子曰：「載營魄抱一，能無離乎？」皆是「動靜休息，常與人俱」之意。

頂批 動者，動功；靜者，靜功；休息，不做工夫之時。

勤而行之，夙夜不休。伏食三載，輕舉遠遊。跨火不焦，入水不濡。能存能亡，長樂無憂。道成德就，潛伏俟時。太乙乃召，移居中州。功滿上昇，膺籙受圖。

此節指道成上昇、功行圓滿之時。本文頗顯，不必細解。

伏食三載，即後代丹經所謂「三年哺乳」也。知幾子說：「伏食者，謂伏先天真氣，非指天元神丹；太乙者，指天上至尊之神，即玉皇也。」**頂批** 太乙，即玉皇的別名。

道術是非章第十五

是非歷藏法，內視有所思。此言存想。履斗步罡宿，六甲次日辰。陸云：「此法無考。」陶云：「選時日以行子午也。」頂批 六丁六甲之日祭其日神。陰道厭九一此言採戰九一，即九淺一深。陶云：「分上中下三峯採人精氣，託號泥水金丹也。」，濁亂弄元胞即服食紫河車也。食氣鳴腸胃，吐正吸外邪。此言吐納。晝夜不臥寐，晦朔未嘗休。身體日疲倦，恍惚狀若癡。百脈鼎沸馳，不得清澄居。此即今之鍊魔法。累土立壇宇，朝暮敬祭祀。鬼物見形象，夢寐感慨之。心歡而意悅，自謂必延期。遽以夭命死，腐露其形骸。此即漢武禱祀之法。舉措輒有違，悖逆失樞機。諸術甚眾多，千條有萬餘。前却違黃老，曲折戾九都。明者省厥旨，曠然知所由。

按：此皆闢一切旁門外道不合魏公之法者也。

前却、曲折，皆做功夫之姿勢，違背黃帝、老子之道。戾，亦違背之意。

九都，諸家皆謂九幽酆都。戾九都，謂獲戾於九幽酆都。其實乃指古有九都仙經，謂曲折的姿勢不合古時的九都仙經也。

二八弦氣章第十六

偃月作鼎爐，白虎爲熬樞。汞日爲流珠，青龍與之俱。舉東以合西，魂魄自相拘。上弦兌數八，下弦艮亦八。兩弦合其精，乾坤體乃成。二八應一斤，易道正不傾。

直解

以偃月仰而倒，曰「偃」。半弦之月，其形半偃，名曰「偃月」。此處以象坎卦也，前文有「坎戊月精」作爲鼎爐鼎爐，一物也。**頂批**　鼎爐者，鼎下之爐也。因偃月只能作爐，不能作鼎。鼎爐之中有白虎即鼎爐中應時產生之先天炁也以爲熬樞以火燒物曰「熬」；樞，動機也，此即指鼎中煖氣發動之機。我之汞日汞爲我之真精。八卦離爲日，前文「離己日光」，名曰流珠又丹經水銀名汞，以象我之真精。水銀、真精，皆流動如珠走盤而不定，故曰「流珠」。流珠之中，常有青龍五行汞爲木，木星屬青龍，即我家之真火。其實青龍、流珠，一物也與之相俱，故舉我東家青龍、汞木皆在東方。道書云：「東方甲乙木。」故我爲東家以合彼西鄰白虎、鉛金皆在西方。道書云：「西方庚辛金。」故彼爲西鄰，則我之天魂與彼之地魄自相拘戀悟真篇云「但將地魄擒朱汞，自有天魂制水金」，即魂魄相拘之意。

夫以月太陰象論之，自朔旦至初八是乃上弦兑數之八日，自既望至廿三是乃下弦艮數之八日，上下兩弦共合其精，乾坤之體乾坤體即道書所謂「聖胎」於是乃成，而上八下八二八十六正應一斤之數，則大易日月相交之道合乎中正而不傾頹矣。

按：此上下兩弦有兩說。一專指鼎中前半月、後半月，前金後水，「進」陽火「退」陰符而言。一謂上弦兑是少女，指彼家；下弦艮是少男，指我家言。吾師云：「宜從後說。」**蒲團子按**「吾師」及引語，當是移自汪伯英鈔本。「吾師」即指陳攖寧。甲本、乙本均有此類問題存在。

金火含受章第十七

金頂批　金指世間之金光**入於猛火，色不奪精光。自開闢以來，日月不虧明。金不失其重，日月形如常。金本從日生**頂批　或「從日生」，或「從月生」**，朔旦受日符。金返歸其母，月晦日相包。藏隱其匡廓，沉淪於洞虛。金復其故性，威光鼎乃熺。**

直解

金放在猛火中煅煉，其金光之色不爲火所奪去，只有愈鍊而愈精光。自從開闢到現在，太陽太陰仍是如此不虧其中本體的光明，所以金則不失其重量，日月之形依舊如常。

夫月體爲水，就是月魄；月光爲金，就是月魂。然而月光月魂却是得到太陽光的反射而生出，所以說「金本從日生」。朔旦就是初一受到日符就是太陽光，月中的金性就是月魂月光，好像重新返歸到母家母家，指月體當晦之時，好像月中的金性，已離月他往，所以月光重現，說返歸其母來了。**頂批**　即月出庚也。母即坤卦。當月晦即三十日之日，月中的光明被日體相包，隱藏在太陽的匡廓之中，沉淪於洞然虛空之際，日月合璧，所以一些也看不出來。頂批 月的匡廓亦不見。然而並不是沒有，乃是隱藏在裏邊而不現。若等到朔旦爲復，三日生明之後，則月中之金光，又復其故性矣。而於是威光之鼎指坤鼎乃熺然光明貌而熾盛，可以供離家之採取矣。

或又云「金復其故性者，乃金來歸性初，是取坎填離之意；威光鼎，指離非指坎也」，但與參同契本文似不甚相合。至於道理，亦可相通。

二土全功章第十八

子午數合三，戊己數居五。三五既和諧，八石正綱紀。土遊於四季，守界定規矩。呼吸相含育，佇息爲夫婦。黃土金之父，流珠水之子。水以土爲鬼，土填水不起。朱雀爲火精，執平調勝負。水盛火消滅，俱死歸厚土。三性既會合，本性共宗祖。頂批　古時八石，硃砂、雄黃、雌黃、硫黃、空青、雲母、硝石、戎鹽（即青鹽），今硼砂、丹礬、信石。

直解

子爲坎水，其數一即天一生水；午爲離火，其數二即地二生火；一加二合爲三。戊爲坎土，己爲離土，土數居五天五生土。合子午之三，與戊己之五，三五既得調和諧即水、火、土三者調和之意。而三與五爲八，正如外丹中八石之得正綱紀。

夫土爲人身之真意，故在彼爲戊，在我爲己，遊於四季四季，一年春、夏、秋、冬，五行爲水、火、木、金，人身爲精、神、魂、魄，猶真意周流於一身精、神、魂、魄水、火、木、金、冬、夏、春、秋之中。倘得真意收在戊己之中宮，守其界限，定其規矩守界定規矩，上陽子謂：「東有氐土，能守青龍之界；　西有胃土，能規白虎之威；　南有柳土，能矩離火之户；　北有女土，能定坎水之門。」，一呼一吸，順自然之真息，緜緜若存，由粗入細，馴至神依息而凝、息戀神而住。一收一放頂批按：　收放非動作，乃氣息自然之收放，閱者幸勿誤會，呼吸調和，攝取外來真一之氣入吾戊己之宮，與我久積陰精兩相含育，而精神魂魄亦歸於中，呼吸漸次佇定頂批　「停息」似較「佇息」爲妥，陰陽結合，成爲夫婦矣。

然何以能如此哉？　蓋黃土爲坎中之戊，戊土爲先天乾金。先天乾金，生於坎戊之中，故黃土爲金之父土生金也。流珠爲木汞爲離家木汞，木汞生於水，故爲水之子，而土能尅水，故水則以土爲鬼鬼即「歸」之意。尅我者爲鬼。「真土擒真鉛，真鉛制真汞。鉛汞歸厚土，身心寂不動。」。木爲水子，自亦從母而歸土矣。水木俱歸於土，則土勢太盛矣。土勢太盛則水無作用，故土填水不能起。然五行陰陽當以調和爲貴，不可有太過、不及。今土勢太過矣，故須以朱雀之火精執其平衡，以調其勝負「調和鉛汞要成丹，大小無傷兩國全」，大國指彼，小國指我。

夫朱雀火精，在人爲心神。即以心君之神火，下照於水土泛濫之處水土泛濫，即指一身之濁陰火盛而致氣機不運，或生痞脹等候。於是乎，火爲水滅，水不泛濫，水火調和，陰陽既濟，而俱歸於中宮之厚土此節當參看外丹書，則水火土之三性，俱會歸而合一。於是乎，知本來之原性，實共一宗祖也。**頂批**　仇註：「火調勝負，鍊汞以迎鉛；水勝火滅，鉛來而汞伏。」陸註：「水火互有勝負。火勢平衡以調劑，則水得火而激動，其金自隨水而下渡矣。惟金水騰入離宮，則離火爲坎水所滅，從此汞既不走，鉛亦不飛，加以火候温養，則汞自以添、鉛自以抽，二者俱死歸於厚土，此之謂『三性會合』，還丹之道畢矣。」

金丹妙用章第十九

巨勝或云即胡麻也。頂批　巨勝即黑芝麻尚延年，還丹可入口。金性不敗朽，故爲萬物寶。術士伏食之，壽命得長久。金砂入五內，霧散若風雨。薰蒸達四肢，顏色悅澤好。髮白皆變黑，齒落生舊所。老翁復丁壯，耆嫗成姹女。頂批　六十曰耆，七十曰老。改形免世厄，號之曰真人。

此節言效驗，本文已顯，不必再解。

同類相從章第二十

胡粉投火中，色壞還爲鉛。冰雪得溫湯，解釋成太玄。金以砂爲主，禀和於水銀頂批 水銀，即水中銀。**變化由其真**頂批 金，金丹。真有感應，假者則無，**終始自相因。欲作服食仙，宜以同類者。**

直解

胡粉，鉛所造之粉也。若投入火中鎔化，色雖變壞，還復凝結爲鉛。冰雪已成爲質，若得溫湯解釋，仍復化爲太玄太玄，水也。蓋理有其本性，總可還元。

夫金者，鉛也，炁也，坎中之戊，陰中陽也；砂者，汞也，神也，離中之己，陽中陰也。鉛之所以能來者，必須以汞迎之。鉛外來，是爲客；汞在內，是爲主。鉛以汞爲主，即金以砂爲主也。

水銀，則玉池金鼎彼此兩家均有之。在彼家，或稱「神水」，有時則直稱之爲「水銀」。如悟真篇謂：「玉池先下水中銀。」在我家有時或亦以「汞」名之，惟有真汞、假汞之分。此所謂「稟和於水銀」者，當是真汞。真汞神水，蓋能調和陰陽者，故云「稟和於水銀」。而金砂之所以能變化者，由其有神水與真汞也。然此神水真汞，究是何物，則只能意會，難以言宣。蓋稱「神」稱「真」，均是微妙而不可測者，是在學者於恍惚杳冥中去領悟之耳。若能悟得此真，則知始終終始皆須相因，此真而成變化，故知欲作服食之仙，宜以陰陽之同類爲之。

植禾當以黍，覆雞用其卵。以類輔自然，物成易陶冶。魚目豈爲珠，蓬蒿不成檟。類同者相從，事乖不成寶。是以燕雀不生鳳，狐兔不乳馬；水流不炎上，火動不潤下。

此節無甚深義，不必細解。

背道迷真章第二十一

世間多學士，高妙負良才。邂逅不遭遇失之交臂也，耗火亡資財。據按依文說，妄以意爲之。端緒無因緣，度量失操持。擣治羗西羗也石膽即丹礬，雲母及礬磁。硫黃燒豫章大木也，泥汞泥包水銀相鍊飛。鼓鑄五石銅漢時有之，以之爲輔樞。雜性不同類，安肯合體居。千舉必萬敗，欲黠反成癡。僥倖訖不遇，聖人獨知之。稺年至白首，中道生狐疑。背道守迷路，出正入邪蹊。管窺不廣見，難以揆方來。

三聖前識章第二十二

若夫至聖，不過伏羲，始畫八卦，傚法天地。文王帝之宗，循而演爻辭。夫子庶聖雄，十翼以輔之。三君天所挺，迭興更御時。優劣有步驟，功德不相殊。制作有所踵，推度審分銖。有形易忖量，無兆難慮謀。作事令可法，爲世定此書。素無前識資，因師覺悟之。皓若褰帷帳，瞋目登高臺。火記不虛作，演易以明之。火記六百篇頂批 二十四銖一兩，因十月工夫做完，故適六百篇，所趣等不殊。文字鄭重說，世人不熟思。尋度其源流，幽明本共居。竊爲賢者談，曷敢輕爲書。若遂結舌瘖，絕道獲罪誅。寫情著竹帛，又恐洩天符。猶豫或上或下增太息，俯仰輒思慮。陶冶有法度，未敢悉陳敷。略述其綱紀，枝葉見扶疏。

釋辭

皓若褰帷帳　皓然若褰開帷帳，忽然一室生明。

瞋目登高臺　張開兩目，登在高臺上，則遠近皆見。

火記六百篇　古有火記六百篇。存存子說：「火記演於易卦。六百篇，十個月之候。朝屯暮蒙，一月六十卦，十月六百卦。卦卦相同，較以六百篇，篇篇相似。」

金火銖兩章第二十三

以金爲隄防，水入乃優游。金計十有五，水數亦如之。臨爐定銖兩，五分水有餘。二者以爲真，金重如本初。其三遂不入，火二與之俱。三物相含受，變化狀若神。

直解

以金爲隄防隄防，築土以制水者，金即鉛也，鉛能防汞，使汞不飛也；水入乃優游閒暇不急者，謂庚金所生之壬水也。此皆指彼鼎中之物。蓋金者剛氣，太剛必折，故須得柔和之水氣相併入內，乃得優游而閒暇，從容而不迫。

金計十有五者，悟元子謂：「先天真金，自一陽復，而漸至於純全，圓陀陀，光灼灼，通幽達明，如十五之月，光輝盈輪，無處不照。取數爲十五，此金之本數也。」有一分金，即生一分水。有十分金，即生十分水。如月十六，陰潛生。至三十日，光輝盡消，復爲黑體，取數亦爲十五。故曰：「水數亦如之。」此蓋言人身之中，陰陽必須平均也。

然臨爐以定銖兩，則金數雖是十五，水數則不得用十五。非但不得用十五，即五分之水，已爲有餘。何以故？蓋金爲先天之金，其初生一二分之水，有水之炁，而無水之形，謂之先天真一之壬水。因其接近乎先天之金，故此水至真。是曰：「二者以爲真。」

惟真金能生真水，亦惟真水能生真金。真者不增不減，不敗不壞，故金之重如本初。雖然，假者亦真之所化，真者即假之還元。真金生水，在一二分之際，則有氣無形，恍惚杳冥，此爲壬水。若漸到三分，則氣已化液，落於後天，即爲癸水矣。癸水氣濁，不可入也，故云「其三遂不入」。

夫當壬水生到二分之際，既知其爲真，則亟須以丙火二分與之相俱丙火，即真汞也；與之俱者，即運汞迎鉛，凝神入氣穴之法也，然後金、水與火三物在鼎爐之間，互相含受，其變化之狀自爾若神矣。

悟元子曰：「水有清濁之分，壬癸之别。壬水清，屬陽；癸水濁，屬陰。壬水有氣而無質，爲精一不二之真水；癸水純陰而有質，爲泛濫交雜之污水。二分水，如泉中方出未流之水，至清至潔，壬水也。三分水，已流而染塵；五分水，漸流至遠，已混濁不堪：此皆癸水也。丹道入水，只取其氣，不取其質，用質傷其金，用氣輔其金，故二分之水，輔助十五兩之金也。然入水得真，入火亦不可無候。火者，虛靈之神，陰陽之和氣。水用二分，火亦須用二分。二分之火，如初燃之火，温而不燥，明而無燄。水用二分不失其金之重，火用二分不尅其金之體。如是配合，則水來濟火而火不燥，火來鍊金而金生明，金來生水而水有本，水火相濟，金火同宮，三物自相含受，變之化之，神妙不測矣。」

或云：「水既爲金之所生，何故不云『水生』而曰『水入』？」「入者，由外入，非內生也。雖云內生，實由外入。蓋宇宙間不論何物，皆不能自生。其所以能生者，必有所感乎外也。金之生水，其例亦同，故云『水入』。」

下有太陽氣，伏蒸須臾間。先液而後凝，號曰黃轝焉。歲月將欲訖，毁性傷壽年。

直解

上文三物既相含受，變化狀已如神，然終須賴有太陽之氣伏蒸於下，方能須臾之間薰騰，由河車載而逼之上升。當其升之時也，先是液體，及其繼也，降下而至丹田，乃凝而爲丹，號之曰「黃轝」。所以名黃轝者，因其上升之時，兀兀騰騰，如車轝行於黃道之上也。陸云：「此明以汞求鉛之義。」

太陽氣，離宮火也；須臾間，一時半刻也。作丹之法，乘其爻動之期，運一點真汞以迎之，則火蒸水沸，其金自隨水而上矣。爾其貫尾閭，上泥丸，下重樓，入紫庭。先則氣化爲液，而有「醍醐」「甘露」之名，後則液凝爲丹，乃有「黃轝」之號。

黃轝者，以其循河車而逆上，行於黃道之中，如車轝然，故以名之。到此則金公歸舍，還丹始成。

歲月者，攢年成月，攢月成日，攢日成時，而一時之中，分爲三符。求鉛之候，只用一符。所以如此之速者，知止足也，故攢簇之。歲月欲訖之時，不能持盈守滿，忽爾姹女逃亡，是謂「毀性」。金汞歸性，性既毀矣，金液何附？所謂「藏鋒之火，禍發必克」。年壽之傷，無足異者。

形體爲灰土，狀若明窗塵外丹中名目。**擣合併治之，馳入赤色門。固塞其際會，務令致完堅。炎火張於下，晝夜聲正勤。始文使可修，終竟武乃陳。候視加謹慎，審察調寒温。周旋十二節，節盡更須親。氣索命將絕，體死亡魄魂。色轉更爲紫，赫然成還丹。粉提以一丸，刀圭最爲神。**

直解

形體乃渣濁之物，是後天，終須爲灰爲土。惟其狀若明窗之塵，光明而有耀，爲先之炁也。此炁能生金生水、伏鉛伏汞，若擣合而併治之，即馳入赤色之門。馳入之後，即當固塞其交際會合之竅，務令他完固堅凝。然欲如此，必須使炎火伏蒸於下，方能使氣水上騰。朝暮如此，則晝夜有河車轉運之聲，似極辛勤。蓋始則用文以修之，恍惚杳冥，混混沌沌也；終則以武而煅煉，載金上升，驅逐陰邪也。如此一文一武，即所謂「一爻剛兮一爻柔」也。

候視加謹慎者，防臨爐時走丹也，即「依時加減定浮沉，進火須防危甚」之意。

審察調寒温者，即審察自己之精神氣血，有否太過、不及之處。若覺其人體肥多濕、陰盛陽衰者，當以武火煅煉爲重。如何煅煉？即專氣存神，使濁陰化爲清陽也。若或體瘦多火、陽亢陰虚者，當以文火温養爲重。如何温養？即致柔守靜，使亢陽化爲和陰也。陰化爲陽，爲調其寒；陽化爲陰，爲調其温：此之謂「調寒温」。又養丹之時，須要念不可起，念起則火燥；意不可散，意散則火寒：此亦是「調寒温」。又性功主養，屬陰，而陰性寒；命功主鍊，屬陽，而陽性温：性命雙修，陰陽互濟，是亦在「調寒温」之例。

十二節者，即卦節也。由復而剝，由剝而復，陰極則陽，陽極則陰，六陰六陽，循環周流，終而復始，故曰「節盡更須親」。是以神氣索然，命似將絶，休息而死，亡其魄魂矣。不料絶後重蘇，大死再活，且道貌盎然，色更轉而爲紫赫，成爲還丹矣。

粉提、刀圭者，少而小也。言還丹雖是至微至小，而其用至神，故曰「最爲神」。

水火情性章第二十四

推演五行數，較約而不繁。舉水以激火，奄然滅光明。日月相薄蝕，常在晦朔間。水盛坎侵陽，火衰離晝昏。陰陽相飲食，交感道自然。名者以定情，字者緣性言。金來歸性初，乃得稱還丹。

直解

因鍊丹與五行甚有關係，故須推演五行之數理。然其數理亦極較約而並不繁，不過興彼鉛水即彼之真水，當於杳冥中求之，以激我汞火，則能奄然消滅我汞火妄動之光明。然光明的本性並非汞滅也，亦不過如日月之互相薄蝕，常在晦朔間，合符之時，暫時淹滅耳。若到初三之後，則重復光明，金復其故性矣。是以水盛者，則坎宮之水，必來侵陽；火衰，則離日之光，必致晝昏。蓋陰陽相射之道，如彼此互相飲食，其交感之道，實自然而然也。

名者，以定彼情之動；字者，則緣我性而言。以相對而論，則彼爲金情，我爲木性，彼之金情來歸我之木性也。

性初者，謂我原初之木性，本與金合，及情竇既開之後，乾金方破而爲離，今仍得彼之金情，來還我原初之木性，故爲「歸性初」。金木既合，返本還原，故稱「還丹」。

古今道一章第二十五

吾不敢虛說，倣傚古人文。古記題龍虎，黃帝美金華。淮南鍊秋石，玉陽嘉黃芽。賢者能持行，不肖毋與俱。古今道由一，對談吐所謀。學者加勉力，留念深思維。至要言甚露，昭昭不我欺。

淮南王，漢劉安，厲王之子，封於淮南，因號「淮南王」。性好道，感八公授道，王棄位，隨往壽州修鍊，丹成而去。今八公山見在。

玉陽，或作「王陽」。漢時有益州刺史，常好道，以作金授人，故陽貴此，立號「黃芽」。

乾坤精氣章第二十六

乾剛坤柔，配合相包。陽稟陰受，雄雌相須一作「胥」**。偕以造化，精氣乃舒。**

直解

乾是天，坤是地；乾是男，坤是女；乾是剛，坤是柔；乾是陽，坤是陰。天地配合，即是男女配合；男女配合，即是剛柔配合；剛柔配合，即是陰陽配合。相包者，天之形包乎地外，而天之氣入乎地中。至世間男女之交合，其象亦彷彿如此。蓋總不外乎陽則稟與，陰則接受，一雌一雄，彼此相須相須，即相交往之意耳。然徒然相須，不生作用，必須偕合太空中先天一炁爲造化之本，然後陽之精、陰之氣，乃得舒暢而流行。

坎離冠首，光耀垂敷。玄冥難測，不可畫圖。聖人揆度，參序元基。

直解

以天地爲乾坤，則以日月爲坎離；　以男女爲乾坤，則以精氣爲坎離。天地爲體，若無日月，不生作用，必須藉日月冠首，光耀交垂而敷布，方能生人與生萬物。男女爲體，若無精氣，亦不生作用，必須藉氣精冠首，雄雌相須，其理亦同日月之光耀交垂敷布。然後順而行之，則爲世間之生男育女；　逆而用之，則爲出世之作祖成仙。然其生之之原，却是空洞無憑，玄冥難測，不可以畫圖形容之。惟聖人能揆度其本元，知其配合交光之理，參其次序，知其往來消息之時，於是用之而立爲丹基。

四者混沌，徑入虛無。餘六十卦，張布爲輿。龍馬就駕，明君御時。

直解

四者，乾坤坎離也；　混沌者，坎離交姤時之現象也。乾坤本不能混沌，藉坎離之交，於是乾爲男坤爲女亦隨之而混沌。既混沌矣，自不知不覺，而徑入乎虛無。夫丹道合乎易道，易道有六十四卦，丹道亦然。今除去乾坤坎離四卦爲體爲用外，餘之六十卦則張布以爲車輿，然後龍馬則就而駕之，明君則以時御之。**按**《易》云坤爲大輿，乾爲龍爲馬。龍馬就駕，即以乾御坤也。

和則隨從，路平不邪。邪道險阻，傾危國家。

直解

駕馭之法，當以和爲貴。然則如之何爲和？即以我之心神，調和我之龍馬，然後就而駕坤彼之車輿，則坤彼之車輿，自然隨我之龍馬，而從我心之所欲，如行在大路上，平而不陂，坦蕩舒適，我之心神自然寬和暢快矣。若行於邪道，而不以和平爲貴，則險阻橫生，必致傾危國家**頂批**國家，喻一身，而喪失生命也。

入室休咎章第二十七

君子居其室，出其言善，則千里之外應之。謂萬乘之主，處九重之室，發號施令，順陰陽節，藏器待時，勿違卦月「月」，或作「日」。

直解

易曰：「君子居其室，出其言善，則千里之外應之，況其邇者乎？」謂感應之道，雖遠能通，何况在近？今鍊丹之君子，在丹房中臨爐，猶萬乘之主，處九重之室，其驅龍就虎，發運汞迎鉛之號，施進退屈伸之令，務要順陰陽之卦節，宜如大帥用兵，必須老成持重，沉機觀變，不可孟浪輕舉，致敗乃公事也。所以藏器待時，能勿違值卦之日，是爲至要。

屯以子申，蒙用作「以」**寅戌。六十卦用，各自有日。聊陳兩象，未能究悉。**

直解

接上言勿違卦日。卦日，又作卦月。但卦日一日兩卦，一月六十卦。卦月則一日一爻，一月五卦，一年六十卦。總之，卦爻可以活用。由小至大，則一時可推一日，一日可推一月，一月可推一年；由大返小，則一年可推一月，一月可推一日，一日可推一時。由小至大，謂之「推廣」；由大返小，則謂之「攢簇」。蓋時間問題，本來可以伸長，可以縮短，萬劫即刹那，刹那即萬劫，達者皆可隨時運用，心領神會。

今若按卦而言，則屯乃坎震合卦䷂。坎爲水，震爲雷，雷在水中，陽動於陰中也。屯以子申者，坎在子爲水，水生於申，旺於子，陽氣至子而升，陽用事也。蒙乃艮坎合卦䷃，艮爲山，坎爲水，水在山下，陽氣止於陰中也。蒙用寅戌者，艮在寅藏火，火生於寅，庫於戌，陽氣至戌而藏，陰用事也。屯主生陽，蒙主養陽，修丹之道，藏器於身，待時而用，當進陽而陰中返陽以進火，當陽足而陽中運陰以退火，如蒙陽止陰中也。

六十卦用，即由屯、蒙、需、訟、師、比、小畜、履、泰、否、同人、大有、謙、豫、隨、蠱、臨、觀、噬嗑至既濟、未濟也。以日算，則一日兩卦，一月六十卦；以月算，則五日一卦，一月六卦，一年六十卦。照卦次序，依次挨排，故云「各自有日」。

「聊呈兩象，未能究悉」者，蓋謂這個卦氣，乃是自然經過的歷程，只要順時聽天，依法行功，則身中的陰陽變化、營衛升降，自然會暗合六十卦氣，不必一定要去細細推求，徒費筆墨唇舌。倘若願意去研究，可去觀周易六十卦的象爻可也。

在義設刑，當仁施德。按曆法令，至誠專密。謹候日辰，審察消息。

直解

在義設刑，就是用武火封固之法。嚴密謹守，靜養浩氣，使剛大充塞乎天地，則邪魔鬼怪不敢相乘，雜念遊思消除淨盡，好像用一種嚴肅威猛的手段，大義凜然，設刑罰摺攝羣小即六根六塵之類，使羣小不敢弄權，一聽主君即心君號令。

當仁施德，就是當鼎中陽氣發生的時候，宜應時採取。採取之法，當優游閒暇，從容不迫，則鼎中仁德，自然柔耎布施，坎宮鉛氣不勞你去如何用心，他自會輸送過來。這便是「當仁施德」。

當仁施德，屬外藥，坎離兩方面事； 在義設刑，屬內藥，離卦一方面事。

「按曆法令，至誠專密」，即順陰陽之自然，不可妄用心機，只要至誠不息，專心嚴密，則丹道之運用，自合一年春夏秋冬四季之升降。

謹候日辰者，謹候坎宮爻動之日辰也； 審察消息者，審察坎宮爻動之消息也。

纖芥不正，悔吝爲賊。二至改度，乖錯委曲。隆冬大暑，盛夏霰雪。二分縱橫，不應漏刻。風雨不節，水旱相伐。蝗蟲湧沸，山崩地裂。天見其怪，羣異旁出。

直解

若有一些兒不正，即悔吝來爲賊害。 譬如二至冬至、夏至改度，乖逆差錯而委曲，不能順陰陽之節，於是乎： 隆冬大暑，萬物不得封固閉藏； 盛夏霰雪，五穀不得開花結實。 二分春分、秋分縱橫離坎一直一横也，不順自然之節度，故陸潛虛謂之「君驕臣佞」也。 不應刻漏，不能靜調呼吸，不肯輕運默舉，馴致水溢火燥，多寡不勻，正如風雨之不節，而水旱之相伐。 李文燭云：「金水錯投，即二至改度； 情性不合，即二分縱橫。 火盛則傷於旱，如蝗蟲湧沸； 水盛則傷於濫，如山崩地裂； 水火不調，陰陽失應，則災害交作，如日星電雹之怪異。」如上種種，皆臨爐時不誠不敬之故也。

孝子用心，感動皇極。近出己口，遠流殊域。或以招禍，或以致福，或興太平，或造兵革。四者之來，由乎胸臆。

直解

必當如孝子之用心，光明磊落，愛敬慈仁，至誠無間，純一不二，自然能感動彼鼎中之皇極。易不云乎？「寂然不動，感而遂通。」是以近出己口，尚能遠流殊域，蓋感應之道使然也。

或以招禍，此心之存乎邪也；或以致福，此心之念乎正也；或興太平，此心之存乎仁也；或造兵革，此心之念暴也。潛虛子曰：「喪寶爲『禍』，得寶爲『福』，爲而不爲曰『興太平』，輕敵強戰曰『造兵革』。四者皆由於心之誠與不誠、正與不正而已。」

動靜有常，奉其繩墨。四時順宜，與氣相得。剛柔斷矣，不相涉入。五行守界，不妄盈縮。易行周流，屈伸反復。

直解

陸西星註：「動靜謂火候之早晚，繩墨爲卦爻也，四時爲寒、熱、温、涼，氣謂陰陽二氣。」

知幾子解此節則曰：「鼎中氣機，各有動靜。丹家依其常度，當如匠者之奉繩墨。方靜而翕也，先調鼎以養其氣；及動而闢也，則按候以採其真。按候須乘四時，子寅在朝，宜進陽火，得其金氣，以固內體；申戌在暮，宜退陰符，得其水氣，以培外用。此四時順宜之法也。剛柔斷矣，指六候火符。朝以剛爲裏，裏即內體之意，取諸震兑乾，用剛而不涉於柔；暮以柔爲表，取諸巽艮坤，用柔而不涉於剛也。又須五行守界，使兩相配當。金水戊土，爲坎之界，守之於坎，不使此盈彼縮，而水至於乾；木火己土，爲離之界，守在於離，不使彼盈此縮，而火至於寒。易行周流者，即坎離交姤，象日月之運行周流也；屈伸者，陰陽消長之機；反覆者，屯蒙顛倒之象。」

晦朔合符章第二十八

晦朔之間，合符行中。混沌鴻濛，牝牡相從。滋液潤澤，玄化流通。天地神明，不可度量。利用安身，隱形而藏。

直解

晦朔之間，即日月合璧，乃天地陰陽兩性交會之時。夫陰陽兩性之交會，在人身則有神氣合一，在卦象則有水火既濟，在時日則曰亥子之半，在氣運則曰貞元之會，以性情而言則曰動而未形、有無之間。天地於此乎開闢，日月於此乎合璧，人身之陰陽於此乎交會，乃天、地、人之至妙至妙者。神仙於此時盜其機而作丹，則內真外應，若合符節矣。

混沌鴻濛者，陸氏云：「鼎中氤氳之氣也。其時天機已動，陰陽有相求之情，而雄陽播施，雌陰統化，滋液潤澤，自相流通，即所謂『混沌相交接，權輿樹根基』也。」知幾子註謂：「此論鼎上火符，先從晦朔序起者。合璧之後，方有震兑諸候也。蓋晦朔之間，日月並行於天中，是謂『合符行中』。合符，即合璧也。此時月爲日掩，不露其光，自朔以後方得生明。鼎中癸盡鉛生，而藥苗新茁，候亦如之。混沌鴻濛，乃先天真一之氣，乘此牝牡交接，其氣之滋液潤澤者，能施化於吾身而遍體爲之流通矣。」夫混沌鴻濛之氣，乃人身活子時，難以窺測，雖天地鬼神亦不能度量，故丹士只宜靜密俟之。

安身者，安靜虛無，鍊己待時也；　隱藏者，閉塞三寶，韜光養晦也。如是則可以得夫至靜之原而不失乎爻動之機。

又上陽註：「晦朔弦望，一年十二度。天上太陰與太陽合璧，常在晦朔之間；人間少陰亦有十二度，以隱形而看經。故混沌鴻濛之時，經罷而符至。」

始於東北，箕斗之鄉。旋而右轉，嘔輪吐萌。潛潭現象，發散精光。昴畢之上，震出爲徵。陽氣造端，初九潛龍。☳

直解

上文隱形而藏，雖指修丹，然以月爲喻，謂晦朔合符之時，月形隱藏而不見。然陰極必陽，故晦後即朔，乃始於東北方箕斗之鄉。陸西星說：「正謂亥子之交。」其實按時納宿，當在丑寅之界。

旋而右轉，向牛女虛危一帶，嘔其月輪，吐其萌蘖。如龍潛在深潭者，現出景象，發散其精光，移至西方申酉之界，昴畢之上。

震出而爲徵，是乃陽氣之初造其端，象易乾爻之「初九潛龍」。

陽以三立，陰以八通。三日震動，八日兑行。九二見龍，和平有明。 ☱二陽爲兑。

直解

初三日昏，月光出庚爲西方，故云「陽以三立」；初八日昏，月光出丁爲南方，故云「陰以八通」。三日震動，即前云「震庚受西方」；八日兑行，即前云「八日兑受丁」。蓋震爲一陽，兑則二陽矣，爻應乾之九二「龍德正中」也，喻人身陽火用功之半。和平有明，言火力均調之意。

三五德就，乾體乃成。九三夕惕，虧折神符。 ☰三陽爲乾。

直解

陸註：「三五十五即望也，月廓盛滿，乃成乾體。此時陽升已極，屈折當降，乾爻則當『九三夕惕』之爻，是宜持盈守滿，不得怠縱。」蓋謂即宜虛心下氣，速行致柔之道，急流勇退，切勿仍居鼎中，如駑馬戀棧而不休，則必致有鉛飛汞走之危也。悟真篇云：「依時採取定浮沉，進火須防危甚。」即勗人宜知持盈守滿之道也。

神符者，神火有符信之謂。其名見銅符鐵券中。

盛衰漸革，終還其初。巽繼其統，固濟操持。九四或躍，進退道危。☴一陰爲巽。

直解

十六則盛極當衰，漸虧漸減，終當成晦。故曰：「還初。」於時陽虧陰長，於象爲巽卦繼統。然而陽退一符，則陰進一符。當此進退改革之際，正應乾爻之九四「或躍在淵」。可以進而不遽於進，是宜固濟操持，常使陰符包裹陽氣。或問：「火爲神火，吾固知之矣。陰符何物，亦可言乎？」曰：「凡人一身之中，皆後天陰氣也。陽退一分，則陰自進一分，正如月廓之虧陽自虧耳。白者豈別有物？即本體也。」

按：其意若曰，陽火則於坤鼎中求之，陰符則只須安靖虛無、內以養己之法耳。但知幾子意則不然，謂陽火陰符皆在坤鼎中求之，惟有前半月、後半月之分耳。

艮主進止，不得踰時。二十三日，典守弦期。九五飛龍，天位加喜。☶

直解

艮卦爲一陽止於二陰之上，陰符進而止其陽。蓋陽精內隱，而陰氣外承，進火宜止，不得踰時過分。因是時正爲二十三日典守下弦之期，陰陽各半，金水又平。其在乾爻則當九五「飛龍」，位乎天位以正中也。丹藥至此，可慶圓成矣，故云「加喜」。

六五坤承，結括終始。韞養衆子，世爲類母。上九亢龍，戰德於野。☷三陰爲坤。

直解

「六五」，三十日也。陽盡陰純，於卦象坤。承者，坤承艮後也。此時火功已罷，神氣歸根，寂然不動。少焉，則晦去朔來，復生庚月，又爲藥火更始之端。故曰：『結括終始。』」

「積陰之下，能韞養諸陽，爲眾子之母。蓋陽不生於陽而生於陰，古人稱十月爲陽月，亦取此義。」

類者，萬類，即萬物也。類母，即萬物之母也。知幾子謂：「同類眾子之母也。爻應乾之上九。乾爲龍亢，坤爲龍戰，陰陽相敵，有戰象焉。太陰太陽，於斯合璧，其諸均敵者乎？均敵者，取和之象也。」

用九翩翩，爲道規矩。陽數已訖，訖則復起。推情合性，轉而相與。循據璇璣，升降上下。周流六爻，難以察覩。故無常位，爲易宗祖。

直解

用九者，用乾卦之全爻也。因九爲陽數，乾爲陽物，故用九即用陽之道也。翩翩者，從容不迫，優游閒暇，進退自如，從心所欲。

我能用陽而不爲陽所用，我能用九而不爲九所用，如此故能爲道規矩。蓋權操於己，可圓可方，方圓無礙，則飛藏潛躍，可以待時而動矣。

《易》曰：「乾元用九，天下治也。」修丹之士，約天下於一身，則一身治矣。陽數已訖，訖者，終也。終則陰復起而承之，陰進陽退，陰極則陽復進，故推彼之金情，合我之木性，轉輾而相與循環。上據璇璣，同斗樞之升降；中參易數，符卦爻之動靜。上下周流，前後往返，視之不見，一炁流通，聽之弗聞，一靈恍惚，至剛至大，至微至幽，玄冥莫測，神妙難名，其將若之何察覩之乎？故《易》曰「大哉乾元」，豈非以其無有常位而爲易之宗祖乎？

卦律火符章第二十九

朔旦爲復，陽氣始通。出入無疾，立表微剛。黃鐘建子，兆乃滋彰。播施柔煖，黎蒸得常。

直解

朔爲一月之始，旦爲一日之始，而此章以一年十二月之律卦序之，則復爲十二律卦之始。故月日之朔旦，正合十二律中之復卦。朔旦爲復䷗，則陽氣始通。蓋陰極生陽也。在人身則爲靜極而動，陽炁雖通而尚微，故運火之時，務宜出入無疾，立表以測其微剛微陽也之氣。

黃鐘建子者，以十二月斗杓建子，律始於黃鐘也；兆者，眾也，亦苗也，在天地則代表生機之發現，在人身則代表生機之始萌，而今科學家所謂原子、電子也；滋彰者，滋化而彰布，由微而至著也。

播施柔煖者，象一陽生後，有柔和之煖氣，然後眾庶乃得安然，而不失其常。至於修丹之士，若感覺鼎中生氣已萌，則接觸之時，自有柔煖之氣播施於營衛，而遍體得以常温矣。

黎蒸，即眾庶，喻精氣也。丹法以身爲國，以精氣爲民。

又李註：「一陽始生之頃，乾坤一合，乾宮一點陰火精光射入坤腹，即是『朔旦爲復，陽氣始通』。鍊士下手追攝，不疾不徐，自然出坎無滯，入離無礙，何疾之有？陽氣始生，藥苗正新，有氣無質，有象無形，故謂之『微』。」

上陽子註：「復者，一陽伏於五陰之下，先復而後能伏也。卦辭曰『出入無疾』，言陽之始氣，出入往來，大小無傷也；曰『朋來無咎』，言得同類之朋，有益無損也；曰『反覆其道』，丹道用逆，顛倒而行之也；曰『七日來復』，得藥大醉，七日復蘇也；曰『利有攸往』，逐月陽生，皆可往取也。」

臨爐施條，開路生光。光耀漸進，日以益長。丑之大呂，結正低昂。

直解

在易卦，則地澤爲臨䷒，由復卦一陽進爲二陽矣，故文有「光耀漸進」之說。而此文之「臨爐施條」者，乃是雙關。上陽云：「臨馭丹爐，施條接意，開闢道路，不僭不狂，分彩和光，愈低愈下。」蓋陽氣之道路，既以開通而生光明。光明者，陽也。由復之一陽進而爲臨之二陽，故曰「光耀漸進」。合乎時日，則圭影益長。其月建丑，爲十二月，在律則爲大吕，其象爲，又曰助也，太陽得侶相助以進也。

結正低昂者，互相交結以正其低昂之位。低昂者，柔上而剛下，子南而午北，即顛倒是也。

仰以成泰，剛柔並隆。陰陽交接，小往大來。輻輳於寅，運而趨時。

直解

上文低昂之位既正，則乾卦仰乎下、坤卦覆乎上，二卦相合，本爲天地之否，今成地天之泰䷊。地上於天，天下於地，一剛一柔，並宜承重。於是陰陽交接，此則小往，彼却大來，如車輻之來輳車轂。

今云「輳於寅」者，寅，三陽也。三陽爲乾卦，是坤之輻來輳乾之轂也。又正月爲寅月，律逢太簇。簇者，湊也。言萬物至此，輻輳而生也。陸西星云：「乘此輻輳之時，是宜進火，與時偕行。」運而趨時者，「河車不敢暫留停，運入崑崙峯頂」也。

漸歷大壯，俠列卯門。榆莢墮落，還歸本根。刑德相負，晝夜始分。

直解

漸歷大壯䷡，四陽二陰，斗杓建卯，爲二月，律應夾鐘。陸註：「夾者，俠也。俠列卯門，則生門之中，已含殺氣，故二月榆落，葉歸本根。夫春主生而榆莢反落者，德中有刑故也。於時陰陽氣平，刑德相負。」是故晝夜始分長短，正相平衡。蓋二月春分之時也。故作丹者，立爲卯酉沐浴之法。

夬陰以退，陽升而前。洗濯羽翮，振索宿塵。

直解

澤天爲夬䷪，則陰氣漸以退位，陽氣升騰而前矣。其象如大鵬之洗濯其羽翮而振索其宿塵。

乾健盛明，廣被四鄰。陽終於巳，中而相干。

直解

乾卦☰六爻皆陽，其象至健，光耀盛明，能廣被於四鄰。然陽終於巳月，巳過則午，陽極即陰。巳午之間，陽陰之界，謂之「天中」。中而相干者，謂至天中之時，則陽終而陰相干也。修丹之時，陽火退而陰符進，亦同此理。

姤始紀緒，履霜最先，井底寒泉。午爲蕤賓，賓服於陰，陰爲主人。

直解

天風爲姤☴。夫陽氣既已盛極，不能再盛，則姤卦一陰始紀其緒，實爲履霜之最先。而當此之時，井底之泉水已寒。蓋五陽在上，而一陰在下，其時爲午月，蕤賓司律。賓者，客也。「賓服於陰，陰爲主人」者，謂陽氣退而爲客，反賓服於陰，而使陰爲主人也。以丹道而論，則悟真篇云「饒他爲主我爲賓」。此語雖其作用之時間不同，而其賓主之取義無異。

遯世去位，收斂其精。懷德俟時，棲遲昧冥。

直解

天山爲遯䷠，二陰進矣。斗杓建未，時爲六月，律應林鐘。夫遯者，遁也。喻君子見小人道長，遂避塵遯世，辭職退位，作明哲保身之舉。比修道之人，以陰符進至二分，陽火自宜退守。陰進陽退，收斂其精神，深藏乎密處，懷至德以俟明時，棲幽境而遊昧冥。若以時而論，則爲六月，亦是陰將進而陽將退、寒欲來而暑欲往之候。蓋天時、人事，出世、世間，丹道、易道，皆不能外此自然之陰陽也。是以古昔聖哲，要與天地合德、與日月合明、與四時合序、與鬼神合吉凶者，職此故也。

否塞不通，萌者不生。陰信音「伸」**陽詘**同「屈」**，没**一作「毁」**傷姓名。**

直解

三陰三陽，於卦爲否䷋，斗杓建申，律應夷則。陸註：「乾上坤下，二氣相隔，否塞不通之象也。萬物至此不生萌蘖。七月建申，申者，陰之伸也。陰伸則陽屈，律應夷則。夷者，傷也。陽屈則没其姓名。」

觀其權量，察仲秋情。任蓄微稚，老枯復榮。薺麥芽蘖，因冒以生。

直解

四陰二陽，風上地下，於卦爲觀䷓，斗杓建西，律應南呂。

陸註：「觀者，觀也。觀其權量，以察仲秋之情，陰陽之氣至此又平。八月南呂司令。南者，任也。萬物至此有姙娠之義焉。任蓄微稚，則老枯得以復榮。觀夫薺麥芽蘖，可見刑中有德。」

又李註：「觀者，有省方觀民之義。權者，權爻銖之斤量。察者，察藥材之老嫩。秋殺之時，而薺麥芽蘖，即『轉殺爲生，老枯復榮』之象。」

仇註：「王者省方所至，則審律度量衡。八月金精壯盛，故察仲秋之情。任蓄，謂倚任而蓄養之，藉此少稚以濟老枯，猶言『枯楊生稊，老夫得其女妻』。冒生者，因蒙秋氣而薺麥發生也。細玩本文，初無沐浴停火之説。」

淮南子：「麥秋生而夏死，薺冬生而仲夏死。」

剝爛肢體，消滅其形。化氣既竭，亡失至神。

直解

五陰一陽，於卦爲剝䷖，斗杓建戌，律應亡射。

陸註：「五陰剝一陽，陽氣受剝，枝頭之菓，熟爛而墮，形體消滅，造化之氣於此竭窮。且時當九月，火庫歸戌，物皆內斂不露精。」

亡失至神，或曰「失」當作「佚」。亡佚即亡射也。

仇註：「凡物形毀則神離，故鍊士須神馭氣而氣留形。」

道窮則返，歸於坤元。恒順地理，承天布宣。玄幽遠渺，隔閡相連。應度育種，陰陽之原。寥廓恍惚，莫知其端。先迷失軌，後爲主君。

直解

陽道既已窮盡，則返而歸於純陰無陽䷁之坤元，於是恒順大地至靜之理，寂然不動，以俟天機之至，乃即承之，而敷布宣化，使陽氣又復流暢。惟此天地之機，陰陽之氣，雖云變化不測，玄幽而遠渺，然而隔閡相連而能應其時刻而生育種子，實爲陰陽之本原。惟其寥廓恍惚，莫知其端倪，是以至於先迷而失其軌。然能謹候其時，知白守黑，則神明自來復，又後爲主君矣。

無平不陂，道之自然。變易更盛，消息相因。終坤始復，如循連環。帝王乘御，千載常存。

直解

有平則有陂，無平則不陂陂即不平，此道之自然。變化交易，更爲盛衰，一消一息，一去一來，相因互換，故在易道則終於坤陰即始於復陽，如循連環，川流不息。帝王若能乘御此炁，即同此炁之終則復始，循環往復，川流不息，無有窮期，而千載常存矣。

性命根宗章第三十

將欲養性，延命却期。審思後來，當慮其先。人所秉軀，體本一無。元精流布，因炁託初。

直解

吾人將欲修養其性，延長其命，而却退死期者，則細思其後來，當窮究其始先。始先云何？則人所秉之軀體，本來是一是無。一者何？先天一炁，太極也。無者何？無名天地之始，無極也。無極即道。無極生太極，即道生一。一者既生，於是乎元精流布，即因此一炁而託初矣。

陰陽爲度，魂魄所居。陽神日魂，陰神月魄。魂之與魄，互爲室宅。

直解

道德經云：「道生一，一生二。」道生一，即無極生太極；一生二，即太極生兩儀。兩儀即陰陽也。夫一炁不可見，是謂先天。由一炁而生陰陽，乃有性命、神氣、魂魄、水火、木金之分，是謂後天。後天者，以陰陽爲度，乃魂魄之所居。以一身而論，則肝藏魂、肺藏魄；以離坎而論，則離藏魂、坎藏魄。

離爲日，日爲陽，故曰「陽神日魂」；坎爲月，月爲陰，故曰「陰神月魄」。然日魂陽中含陰，月魄陰中含陽，因此魂魄可以相通，彼此可已互御。魂能御魄，魄可鈐魂。魂御魄者，即魂入魄裏，以陽化陰也；魄鈐魂者，即魄來魂中，以陰和陽也。魂入魄，則魄爲魂之室；魄入魂，則魂爲魄之宅。故曰：「魂之與魄，互爲室宅。」

性主處內，立置鄞鄂。情主營外，築完城廓。城廓完全，人物乃安。於斯之時，情合乾坤。

直解

「性主處内，立置鄞鄂」者，謂鍊已養性之功也。「鄞鄂」解已見前。「情主營外，築完城廓」者，築基保命之功也。情者，金情也。以金情來歸木性也。夫性在内，故云「處内」；情在外，故云「營外」。「城廓完全，人物乃安」者，即築基之功已畢也。

乾動而直，炁布精流。坤靜而翕，爲道舍廬。剛施而退，柔化以滋。九還七返，八歸六居。

直解

易曰：「夫乾其靜也專，其動也直；坤其靜也翕，其動也闢。」乾動而直，則氣布精流矣；坤靜而翕，則爲道舍廬矣。夫炁布精流，即炁往求鉛也，所謂「運一點真炁以往迎」也；爲道舍廬，謂坤靜暫爲乾道之舍廬。及乎剛施而退，即柔化以滋，鉛氣滿爐，源源大來。夫乾爲剛、爲陽、爲小，坤爲柔、爲陰、爲大。乾之炁精流布往坤，坤之柔化即來滋乾，即前文所謂「剛柔交接」「陽往陰來」「小往大來」也。

九還者，金還也；　七返者，火返也；　八歸六居者，木與水皆歸舍而居也。

男白女赤，金火相拘。則水定火，五行之初。上善若水，清而無瑕。道之形象，真一難圖。變而分布，各自獨居。

直解

以人道而論，則男之天癸白、女之天癸赤；　以丹道而論，則男白爲坎中水金、女赤爲離中木火。水金爲嬰兒，故稱「男白」；　木火是姹女，故云「女赤」。水金與木火相拘，則以水金來定木火。蓋以五行之最初，則天一生水。

天一爲先天，含至善之炁，絕無混濁之渣質，故云「上善若水，清而無瑕」，即悟真所謂「華池神水」也。其實此五行之初之水，即是道也。

道之形象，至真至一，如赤水之玄珠，難以智慮尋圖。及其變而分布，則一陰一陽，又各自獨居矣。

類如雞子，黑白相扶。縱廣一寸，以爲始初。四肢五藏，筋骨乃具。彌歷十月，脱出其胞。骨弱可卷，肉滑若飴。

直解

其和合爲一也，則類如雞子，黑白相扶，縱廣不過一寸，以爲始初之象。及其繼也，則四支而五藏、筋骨亦完具。

彌者，滿也；歷者，至也。滿至十月，乃脱出其胞。肉滑若飴，則胎仙已成矣。

或云：「凡胎爲肉體，仙胎爲炁體；凡夫有形，仙軀無質。今何以亦有四支、五藏、筋骨等類乎？」曰：「不過異於凡夫耳，並非無筋骨藏府也。故仙家只言脱胎換骨。脱者，脱凡胎結聖胎；換者，換濁骨爲仙骨。故翠虛篇云『透體金光骨髓香，金筋玉骨盡純陽』，是其證也。雖然，順則成人，逆則成仙，其分別不過在清濁之間。若其形象，則初無二致也。故本文所言聖胎，若與凡胎相似。」

二氣感化章第三十一

陽燧以取火，非日不生光。方諸非星月，安能得水漿。二氣至懸遠，感化尚相通。何況近存身，切在於心胸。陰陽配日月，水火爲效徵。

直解

陽燧銅鏡也。今則以火鏡代之取火，非當日而照，不能生光。方諸方諸即大蛤若無星月，安能得有水漿？夫陽燧與日、方諸與月，兩種氣可謂玄遠矣，然而感化尚能相通，何況近存於身指坎、切在於心指離胸乎？故以離中之陰配日、坎中之陽配月，日月顛倒，即水在上、火在下，水火既濟，則可以推度效符徵矣。

關鍵三寶章第三十二

耳目口三寶，閉塞一作「固塞」弗發通。真人潛深淵，浮游守規中。旋曲以視聽，開闔皆合同。爲己之樞轄，動靜不竭窮。

直解

耳、目、口爲外三寶，精、氣、神爲内三寶。外三寶能閉塞勿發通，則内三寶自固濟不滲漏，於是真人潛乎深淵，浮游守其規中。旋曲者，盤旋屈曲，象真人在内，似游龍也；以視聽者，收視返聽，即用元神正念迴光默照也；開闔皆合同者，仇云「呼吸緜緜，其一開一闔，常與真人合同而居也」，蓋即謂神氣相戀之狀也。爲己之樞轄者，謂坎中之氣能管束離己之汞也；動靜不竭窮者，謂一動一靜，坎中之氣，緜緜密密，無有枯竭窮盡之時也。

離炁納營衛，坎乃不用聰。兌合不以談，希言順鴻濛。三者既關鍵，緩體處空房。委志歸虛無，無念以爲常。

直解

離炁納營衛者，知幾子云：「離主目光，即經言『內照形軀』。營衛者，周身之血氣，醫書謂『營主血，衛主氣』，又云『營行脈中，衛行脈外』。」坎者，耳也；不用聰者，即不用聽於外而返聽於內也。兌者，口也；合不以談者，即閉口不談也，故又云「希言順鴻濛」。

目也，耳也，口也，三者既皆用關鍵閉住，則使和緩之體處於空房之中，而委其志以歸於虛無之境，絕無一毫念慮，以此爲恒常之功作。

此節爲得藥後之事，即太上所謂「長生久視」之功，道書所謂抱元守一、三年九載面壁之功夫也。

證驗自推移，心專不縱橫。寢寐神相抱，覺寤候存亡。顏色浸以潤，骨節益堅強。排卻衆陰邪，然後立正陽。

直解

從此之後，則證驗自步步推移，心專志一，不得有縱橫雜亂之念。寢寐則神氣相抱，覺悟則候其存亡。常常如此，自然顏色浸以潤澤，骨節日益堅强，排却眾陰之邪，乃立正陽之體。

修之不輟休，庶氣雲雨行。淫淫若春澤，液液象解冰。從頭流達足，究竟復上升。往來洞無極，怫怫被容中或作「谷中」。

直解

陸註：「此證驗之見於內者。蓋得藥之後，丹降中宮，於時眾氣自歸，河車自轉。蒸蒸然，如山雲之騰於太空；霏霏然，如春雨之遍於原野；淫淫然，如春水之滿四澤；液液然，如河冰之將欲解。往來上下，洞達無窮，百脈冲融，和氣充足，滿懷都是春，而狀如微醉也。此非親造實詣，難以語此。」

李註：「陰邪排盡，周身脈絡無一不通，五藏六府之氣盡化爲金液，前降後升，一身流轉，再無窮極。神光瑞氣，鬱鬱濃濃，披於空谷而不散。」

反者道之驗，弱者德之柄。芸鋤宿污穢，細微得調暢。濁者清之路，昏久則昭明。

直解

集註謂：「道德經云『反者道之動』，謂一陽來復乃道之動機；又云『弱者道之用』，謂濡弱不爭乃道之妙用。此以反爲道之驗者，真氣返還，自有效驗也；以弱爲德柄者，弱入强出，操柄在我也。反乃得藥之功，弱乃臨爐之法。老聖又言『專氣致柔』『知雄守雌』，皆所謂弱也。芸鋤宿穢，言排陰之功；細微調暢，言陽立之效。」

陸云：「至此則真氣充裕，百脈歸源，如所謂『氣索命將絕，體死亡魂魄』者，故昏昏默默，莫知其然。久之，則神氣自清明，無更慮其昏濁矣。經又云『孰能濁以靜之徐清。衆人昭昭，我獨若昏』，意亦若此。」

陸云：「『道』『德』二字，要有分別。無爲者曰『道』，有爲者曰『德』；自然者曰『道』，反還者曰『德』。」

陶註：「如醉如癡，有似乎昏濁者。然濁而徐清、昏而復明，如大死方活也。」

旁門無功章第三十三

世人好小術，不審道淺深。棄正從邪徑，欲速闕不通。猶盲不任杖，聾者聽宮商。没水捕雞兔，登山索魚龍。植麥欲穫黍，運規以求方。竭力勞精神，終年不見功。欲知服食法，事約而不繁。

此章無甚深旨，不必細解。

珠華倡和章第三十四

太陽流珠，常欲去人。卒得金華，轉而相因。化爲白液，凝而至堅。

直解

太陽爲離，流珠爲離宮真汞因其流轉不定，如珠之走盤，故名「流珠」，其性好動，常欲離人而去。卒得金華之氣即坎宮真鉛。陸潛虛曰：「金華者，金之精華，水中之金，號曰『真鉛』。」，轉而與真汞相因相結真鉛一合真汞，即有恍惚杳冥、混混沌沌、如癡如醉之象，遂化而爲潔白之液陸謂：「白液象金，得金華相因而化，故曰『爲白液』。」，凝而爲至堅之丹至堅者，謂堅而韌也，非堅而剛也。堅而韌，則能小大變化、忽有忽無、忽液忽凝。若堅而剛，則如石矣，頑而不能化，豈神仙之道哉？又「液」與「凝」，即前文「先液後凝」之意。

金華先倡，有頃之間。解化爲水，馬齒闌干。陽乃往和，情性自然。

直解

然當鉛汞相因之際，則須待金華先倡於爻動之頃，陽即往和，以迎其真一之氣。斯時度於鵲橋，轉於崑山，解化爲水，乃有「甘露」之名。下於重樓，降於黃宮，結而成丹，則有馬齒闌干之象。

又曰：「古歌云：『好丹砂，白馬牙。』故色如馬齒，狀若闌干闌干即琅玕，美珠名，蓋借外丹法象而言，非真有是物也。然而金華倡矣，陽乃和之。何謂陽？乾也，男也。陽不主倡，而乃往和者，『饒他爲主我爲賓』也。一倡一和，則木性愛金，金情戀木，歡欣交通，自然感應，而丹道成矣。」

迫促時陰，拘畜禁門。慈母育養，孝子報恩。遂相唧嘬，咀嚼相吞。嚴父施令，教敕子孫。

直解

時陰，陰之極時。陰極則陽將復生，故當此之時，迫之促之，以感其炁。及夫一陽來復，得藥歸鼎，則又拘之畜之於禁密之門，所謂「環匝關閉，守禦固密」，即此意也。

慈母者，坤母也； 育養者，坤母中坎宮之氣，能資生長養也。 孝子者，震卦也震爲龍，屬於離方，下文「喞嚥相吞」句可見； 報恩者，驅龍就虎，運汞迎鉛，如慈母在外，孝子迎歸，奉養以報其恩也。

「遂相喞嚥，咀嚼相吞」者，形容子母相戀之情，即臨爐之際，神炁相交，如下文云「龍呼於虎，虎吸龍精」也。

嚴父者，乾父也； 施令者，發號施令也。 謂全藉乾父執陽剛中正之道，一而不二，誠而無邪，方得發號施令，教敕龍子龍孫，準時行潛藏飛躍之功也。

五行逆尅章第三十五

五行錯王，相據以生。火性銷金，金伐木榮。三五與一，天地至精。可以口訣，難以書傳。

直解

五行者，水、木、火、土、金也； 錯王者，相錯而王也。如水旺則木旺，木旺後則火旺，火旺後則土旺，土旺後則金旺，金旺後則又水旺。相據以生者，即水生木、木生火、火生土、土生金也。此世間順行之常道也。今丹道逆用，則離火生木汞，往銷銷，鎔也其坎中之金，金氣伐而不致太過。於是離家之木氣，反得欣欣向榮矣。

存存子曰：「五行各旺一方，相對則相尅，南火北水東木西金是也； 相依則相生，兑金生坎水、坎水生震木、震木生離火、離火生坤土是也。其在丹道，以火鍊鉛，是火性銷金，不知金中含水，火被水制，反化爲土，而金愈旺，不止不能傷金已也； 以鉛制汞，是金伐木榮，不知木中含火，金受火制，反化爲水，而木愈榮，不但不能尅木已也。」

三五者，東三南二，一五；北一西四，一五；中央戊己，亦一五。三五共合於中央，而歸於一，謂之「三五與一」。此爲天地至精，只能以口訣之，而不能以書顯然而傳也。

龍虎主客章第三十六

子當右轉，午乃東旋。卯酉界隔，主客二名。龍呼於虎，虎吸龍精。兩相飲食，俱相貪併。頂批　龍呼虎，即火往尅金；　虎吸龍，即金來尅木。

直解

陸註：「子當右轉，金公寄體於西鄰；　午乃東旋，離火藏鋒於卯木。契賦云：『青龍處房六兮，春華振東卯；　白虎在卯七兮，秋芒兑西酉。』如此龍東虎西，界隔卯木龍西金虎，分爲主客，則西者爲主，東者爲客。道德經云『吾不敢爲主而爲客』，悟真篇云『饒他爲主我爲賓』，足以相發明矣。」

仇註：「右轉東旋，就方位上取義，不在時辰上用功。所云『主』『客』，與常道不同。常道以卯爲主，丹道則以酉爲主。乘坎宮爻動，而離方與之交接，全以在彼者爲主也。若非時妄作，則陽驕陰佞而致凶矣。龍呼虎，即火往銷金；　虎吸龍，即金來伐木。」

「兩相飲食，俱相貪併」者，金木交合、子母相戀之象也。按：此處似含有人己兩利之意，否則何故龍呼於虎而又復虎吸龍精乎？

熒惑守西，太白經天。殺氣所臨，何有不傾。貍犬守鼠，鳥雀畏鸇。各得其性，何敢有聲。

直解

熒惑，火星；西者，金方。熒惑守西者，即火往銷金也；太白金星經天者，白日之中有星現於天上也。按：白日星不可見，惟金星最明，故有時可見。金星現於天之何處，識天象者即知該處有兵革之事，故云「殺氣所臨，何有不傾」。

陸潛虛註：「金來伐木，則爲太白經天。凡殺氣所臨之處，則戰無不克，故以象之。」蓋謂汞既見鉛，自不敢飛。汞在乾方，故以象天；鉛爲金，金在坤方；太白者，即金。故曰：「太白經天。」

貍犬守鼠，陸云「象汞之求鉛」；鳥雀畏鸇，陸云「象鉛之伏汞」。鉛汞皆歸真土，是謂各得真性。真性者，靜而不動，相敬如賓，則安得有聲也？仇註：「何敢有聲，所謂『禽之制在氣』也。」

不得其理章第三十七

不得其理，難以妄言。竭殫家產，妻子饑貧。自古及今，好者億人，訖不諧遇，希能有成。廣求名藥，與道乖殊。如審遭逢，覩其端緒。以類相況，揆物終始。

此節與二十一背道迷真章意同。

父母滋稟章第三十八

五行相剋，更爲父母。母含滋液，父主稟與。凝精流形，金石不朽。審專不洩，得成正道。

直解

五行相生，爲順行之世間法，則乾爲父，坤爲母。五行相剋，爲逆用之出世法，則坤爲父，乾爲母矣，故曰「更爲父母」。夫世間法，則此主稟與，彼含滋液，則凝精流形，而結凡胎；出世法，則反復其道，雄裏懷雌，則金石不朽，而成聖胎。是故能審專不洩陸云：「審專，即至誠專密之意；不洩，即關鍵三寶之意。」**頂批** 仇云：「審專者，至誠專一，候其藥符也；不洩者，蒂固根深，守其命寶也。」，則自得成夫正道。

藥物至靈章第三十九

立竿見影，呼谷傳響。豈不靈哉，天地至象。

直解

夫此道如立竿見影、呼谷傳響，豈不靈且妙哉？蓋天地之至象也。

若以野葛一寸，巴豆一兩，入喉輒僵，不得俯仰。當此之時，雖周文揲蓍，孔子占象，扁鵲操鍼，巫咸扣鼓，安得令蘇，復起馳走？

直解

野葛、巴豆，皆毒藥；周文、孔子，皆聖人；扁鵲爲名醫，即秦越人，著難經者；巫咸，神巫也，列子「鄭有神巫，曰季咸，知人生死存亡、禍福壽夭」。此節言人服毒藥則必然致死，雖聖哲無法使之復生。而若服大藥，則必定長生，而造化亦不能使之死亡也。

天元配合章第四十

河上姹女，靈而最神。得火則飛，不見埃塵。鬼隱龍匿，莫知所存。將欲制之，黃芽爲根。

直解

河者，坎象；姹女，爲離中汞。常道交感，離處坎上，故離汞稱爲「河上」。夫此坎上離汞，至靈而又最神，一得心火之動，則飛而不見埃塵，如鬼之隱，如龍之匿，莫知其所存。若欲制之伏之，必用戊己真土黃芽以爲其根。

按：真土黃芽，即真意，蓋即緜緜密密、混混沌沌，不以心感，而以氣感也。陸潛虛云：「黃者，中黃之氣；芽者，爻動之萌。究其實，則真鉛而已。以此爲根，則情來歸性，丹基於斯立矣。」

物無陰陽，違天背元。牝雞自卵，其雛不全。夫何故乎，配合未連，三五不交，剛

柔離分。

直解

故若物無陰陽，則違造化之天道，而背生物之元始。此牝雞自卵之所以其雛不全也。夫何以故乎？蓋因配合未連，水、火、木、金、土之三五不相交，陽剛陰柔，彼此相離分故也。

施化之道，天地自然。猶火動炎上，水流潤下，非有師導，使其然也。資始統正，不可復改。觀夫雌雄，交媾之時，剛柔相結，而不可解。得其節符，非有工巧，以制御之。男生而伏，女偃其軀。稟乎胞胎，受炁元初。非徒生時，著而見之。及其死也，亦復效之。此非父母，教令其然。本乎交媾，定置始先。

直解

是以施化之道，乃天地之自然。猶火動而炎上，水流而潤下，並非有老師指導，使其如此，蓋其本性然也。故乾元則資始，坤陰則統正，不可復爲之改變。請觀雌雄交媾之時，剛柔相結而不可解，則自會得其節符，並非有良工巧道之制御之。是故男生而伏，女偃其軀，乃禀乎胞胎之中，受元初之炁使然。且非徒生時，著而見其如此，即其溺水而亡也，男浮必伏，女浮必仰，亦復效初生之時。此非父母教令其如此，其本在俯仰交媾受初時元氣之際，即定位置於始先矣。人道如此，丹道亦如此，不過一順一反耳。故後文云「自然之所爲兮，非有邪僞道」。

日月含吐章第四十一

坎男爲月，離女爲日。日以施德，月以舒光。月受日化，體不虧傷。陽失其契，陰侵其明。晦朔薄蝕，掩冒相傾。陽消其形，陰凌災生。

直解

坎男爲月者，陰中有陽精也；離女爲日者，陽中有陰精也。夫月外陰而內陽，其體黑；日外陽而內陰，其體紅。日以施外，象之陽德於月，月遂得以舒其光明，而變其黑體。月受日德之化，而其體乃不虧傷，而有十五日之金精壯盛、光明圓滿。逮夫日之外陽，與月之內陽，失其契照，則金逢望後，陰侵其明。由下弦而至晦朔薄蝕，則月爲日掩，日爲月冒，相傾相軋，月體之陽光盡消其形，陰氣凌而災害生矣。

按：此章完全借日月交光以喻丹道。蓋丹道則坎下離下，月受日化，體不虧傷，而爲望；常道則離上坎下，陽失其契，掩冒相傾，而爲晦。

又，離德施於坎體，當其金精壯盛，蟾照西川，月受日化，體不虧傷之時，正宜進火採藥。若陽失其契，金逢望遠，藥度後天，渣質相乘，則不可復嘗矣。當此之時，屈折下降，陰符自然繼統矣。此又一解也。

男女相須，含吐以滋。雄雌錯雜，以類相求。金化爲水，水性周章。火化爲土，水不得行。男動外施，女靜內藏。溢度過節，爲女所拘。魄以鈐魂，不得淫奢。不寒不暑，進退合時。各得其和，俱吐證符。

直解

男女相須即互相爲用之意，則含吐以滋矣；雄雌錯雜，則以類相求矣：此皆陰陽兩性之交感也。不論丹道、世道，人類、物類，均如此。若講丹道，則火性銷金，金爲火鎔，而化爲水。陸註：「金化爲水者，爻動之時，金初生水也。」但水性則周流泛濫，橫溢無極，故必火化爲土即以離家之真意攝之，使水不濫行，此爲己土，即「真土擒真鉛」也，使水不得行，自爲我制。若男動而施精於外，女靜而藏氣於內，則每致溢度過節，而爲女所拘，戕其命寶，受害不淺矣。苟能用坎魄以鈐離魂，使金情來歸木性，不許邪淫驕奢，自然不寒不暑，進退合時，各得其和，而俱吐證符矣。陸云：「藥生曰『符』，藥成曰『證』，皆自和氣中來。」

上陽註：「周章溢度，淫奢過節，則陰凌而災生。修丹者，必使一寒一暑，得進退之宜，則和合有時，火不熱而符不冷矣。」

四象歸土章第四十二

丹砂木精，得金乃併。金水合處，木火爲侶。四者混沌，列爲龍虎。龍陽數奇，虎陰數偶。

直解

丹砂爲赤色，赤色屬火，木能生火，故爲木精。木與火性皆屬陽而好動，惟得金之制，乃得相併。金水二者，皆合處於坎；木火爲侶，皆發生於離。金、水、木、火四者，混沌而列爲龍虎。龍在五行爲木，木之生數三，故龍陽數奇；虎在五行爲金，金之生數四，故虎陰數偶。

肝青爲父，肺白爲母；腎黑爲子，心赤爲女；脾黃爲祖，子五行始。三物一家，都歸戊己。

直解

肝屬木，象青龍。青龍屬乾，爲陽，爲父。肺屬金，爲白虎。白虎屬坤，爲陰，爲母。肝木能生心火，心色赤，象朱雀，屬離。離爲中女。肺金能生腎水，腎色黑，象玄武，屬坎。坎爲中男男即子也。肝、肺、心、腎，皆歸於中央脾土，故脾黃爲祖。**頂批**　四象五行全藉土，三元八卦豈離壬。然以先天五行論之，則天一生腎水，而子又爲五行之始矣。

三物者，即木火、金水與戊己也；　一家者，即都歸於戊己一家也。

陰陽反覆章第四十三

剛柔迭興，更歷分部一作「布」。**龍西虎東，建緯卯酉。刑德並會，相見歡喜。**

直解

剛柔者，乾剛坤柔也；迭興者，陽往陰來、小往大來也。更歷分部者，即龍西虎東也。蓋龍本在東，今往西建緯於西；虎本在西，今來東而建緯於卯。**頂批** 縱爲經，橫爲緯。卯酉者，二八之門也。若行世法，則似德而實刑；若用丹法，則似刑而實德。按：「德」與「刑」，當作「生」「死」解。刑中有德，德中有刑，刑德並會，性情相見，剛柔和合，如夫妻相得而歡喜矣。

悟元子曰：「龍性屬木，爲德，居東卯陽位，建緯於西，是以性求情也；虎情屬金，爲刑，居西酉陰位，建緯於卯者，是以情歸性也。」

刑主伏殺，德主生起。二月榆落，魁臨於卯。八月麥生，天罡據酉。

直解

刑本主伏與殺伏、殺皆靜而不動之象，德本主生與起生與起，則動而非靜矣。

二月爲卯月，生之月也，而榆莢反落者，蓋河魁之凶星臨於卯位，搧動木氣太旺，龍性難馴，遂致爲金所尅、爲虎所傷也。悟元子曰：「二月萬物生，榆莢反落，魁星辰時指卯，罡星辰時指酉，此生中有殺也。」

八月爲酉月，殺之月也，而薺麥反生者，蓋天罡之吉星據於酉位，當俟金氣先動，虎情來歸，自反得使木氣向榮、龍德正中矣。

上陽註：「世人但聞沐浴爲卯酉，豈能明刑德之故？德與生，即半時得藥之比；刑與殺，即頃刻喪失之喻。德中防刑，害生於恩也；刑中有德，害裏藏恩也。」仇註：「卯酉沐浴，丹家皆云『卯酉兩月，停火不用』。據參同『刑德並會，相見歡喜』，此悟真篇『刑德臨門』所自來也。夫春和秋爽，正當温養之際，豈可云停爐息火乎？」宜從上陽子說爲是。

子南午北，互爲綱紀。一九之數，終而復始。含元虛危，播精於子。

直解

子爲水、爲精、爲坎、爲鉛，本在於北； 午爲火、爲神、爲離、爲汞，本在於南。今則子南午北者，水火既濟，精神混一，坎離顛倒，鉛汞相投也。

互爲綱紀者，陸云「常道以陽爲綱、陰爲紀，今皆反之，故曰『互爲綱紀』」。又曰：「一九之數，水中金是也。水生數爲一，金成數爲九，惟此金水互相含蓄，遍歷諸辰，循環卦節，莫非真氣之妙用。故云：『一九之數，終而復始。』其交會之際，則含元於虛危虛、危，二宿名，在北方，於人身則陰極爲虛危穴，而播精於子矣。子者，亥子之間，貞元之會，時至機動，正在於此。」

陶註：「虛危二宿，當子位之中。子時，一陽初動處也； 含元虛危，屬先天寂然不動、杳杳冥冥、太極未判之時，『日月合璧虛危度』是也； 播精，屬後天感而遂通、恍恍惚惚、太極已判之時，『雪山一味好醍醐』是也。先天惟有一氣，後天始化爲真精，而雄陽播施，乃在於子。」

牝牡相須章第四十四

關關雎鳩，在河之洲。窈窕淑女，君子好逑。雄不獨處，雌不孤居。玄武龜蛇，蟠虯相扶。以明牝牡，更當相須。假使二女共室，顏色甚姝，蘇秦通言，張儀合媒，發辨利舌，奮舒美辭，推心調諧，合爲夫妻，弊髮腐齒，終不相知。若藥物非種，名類不同，分劑差參，失其綱紀。雖黃帝臨爐，太乙執火，八公擣鍊，淮南調合，立宇崇壇，玉爲階陛，麟脯鳳腊，把籍長跪，禱祝神祇，請哀諸鬼，沐浴齋戒，妄有所冀。亦猶和膠補釜，以硇塗瘡，去冷加冰，除熱用湯，飛龜舞蛇，愈見乖張。

繼往開來章第四十五

惟昔聖賢，懷玄抱真。伏鍊九鼎，化跡隱淪。含精養神，通德三元。精溢腠理，筋骨緻堅。眾邪辟除，正氣長存。累積長久，變形而仙。憂憫後生，好道之倫。隨傍風采，指畫古文。著爲圖籍，開示後昆。露見枝條，隱藏本根。託號諸名，覆冒眾文。學者得之，韞櫝終身。子繼父業，孫踵祖先。傳世迷惑，竟無見聞。遂使宦者不仕，農夫失耘，商人棄業，志士家貧。吾甚傷之，定錄此文。字約易思，事省不煩。披列其條，核實可觀。分兩有數，因而相循。故爲亂辭，孔竅其門。智者審思，以意參焉。

丹法全旨章第四十六

法象莫大乎天地兮，玄溝數萬里。河鼓臨星紀兮，人民俱驚駭。晷影妄前却兮，九年被凶咎。皇上覽視之兮，王者退自後宜作「改」。關鍵有低昂兮，害炁一作「周天」遂奔走。江河無枯竭兮，水流注於海。天地之雌雄兮，徘徊子與午。寅申陰陽祖兮，出入終復始。循斗而招搖兮，執衡定元紀。升熬於甑山兮，炎火張於下。白虎唱導前兮，蒼龍和於後。朱雀翱翔戲兮，飛揚色五彩。遭遇羅網施兮，壓止不得舉。嗷嗷聲甚悲兮，嬰兒之慕母。顛倒就湯鑊兮，摧折傷毛羽。刻漏未過半兮，龍鱗甲鬣起。五色象炫耀兮，變化無常主。譎譎鼎沸馳兮，暴湧不休止。接連重疊累兮，犬牙相錯拒。形如仲冬冰兮，闌干吐鍾乳。崔巍以雜廁兮，交積相支拄。陰陽得其配兮，淡泊自相守。青龍處房六兮，春華振東卯。白虎在昴七兮，秋芒兑西酉。朱雀在張二兮，正陽離南午。三者俱來朝兮，家屬爲親侶。本之但二物兮，末乃爲三五。三五并危一兮，都集歸一所。治之如上科兮，日數亦取甫資始也。先白而後黃兮，赤色通表裏。名爲第一鼎兮，食如大黍米。自然之所爲兮，非有邪僞道。若山澤氣蒸兮，興雲而爲雨。泥竭遂成塵兮，火滅化爲土。若蘗染爲黃兮，似藍成綠

組。皮革煮爲膠兮，麴櫱化爲酒。同類易施功兮，非種難爲巧。惟斯之妙術兮，審諦不誑語。傳於億世後兮，昭然而可考。煥若星經漢兮，昺如水宗海。思之務令熟兮，反覆視上下。千周燦彬彬兮，萬遍將可覩。神明或告人兮，心靈忽自悟。探端索其緒兮，必得其門户。天道無適莫兮，常傳於賢者。

直解

法象即許多名辭之至大者，莫如天地天地即是乾坤，乾坤即是男女。玄溝，天河也，指坎方易經說卦傳云：「坎爲水，爲溝瀆。」玄武爲北方水神。坎卦位在北方，又爲水。水之色黑。玄即是黑色。故以玄溝比喻坎卦。又「玄」字含有「幽深」之意，「溝」字則形容其流通之狀；數萬里，形容其長也，指彼此往來之道路也。

河鼓爾雅云：「河鼓謂牽牛。」古樂府云：「黄姑織女時相見。」蓋「黄姑」與「河鼓」音韻相同，遂混用之耳。天文志云：「河鼓三星，在牽牛北。」據此，河鼓與牽牛原非一物。但此處宜從爾雅爲是，謂牛郎也，象乾卦；臨星紀按：星紀在各家註解，都說是天盤丑位。蓋即天盤十二個星次之一。爾雅云：「星紀斗牽牛也。」言其部位在斗宿與牽牛星之間。仇氏集註云：「『星紀』在王氏本作『天紀』。」天文志云：「織女三星，在天紀東端。」歲時紀云：「天河之東，有織女。天帝憐其獨處，許嫁河西牽牛郎。嫁後遂廢織紝。天帝怒，責令歸河東，使其一年一度相會。」據此，則天紀即是天河者，星紀謂天河。 河鼓臨星紀者，謂牛郎與織女駕鵲橋而相會於天河也； 人民俱驚駭者，身爲國家，心爲君主，精氣爲人民，陰陽交感，則身中精氣不免激動而現非常之狀態。 俱者，指坎離兩方而言。

晷影者，指日影，謂離卦； 前却者，前爲進，却爲退。 妄前却者，妄有所動作，而進退不依矩、不合度也。 離卦既妄有所動作，進退不肯以矩，則不免有洪水泛濫之災即木液飛揚、金精湮滅也，象堯之九年，被其凶咎謂咎由自取。

當此之時，必用元神正念觀察覺照，以象皇上之覽視書云：「惟皇上帝，降衷於下民。」蓋皇上指道心也； 妄動之人心則當退後，而改悔其以前之錯誤，以象王者之退自改。

關鍵既正其低昂兮關者，要路口之門也； 鍵者，關牡也，又名「門牡」，用直木爲之。 雙關宜低而卑，鍵宜昂。 前云「丑之大呂，結正低昂」，亦是此意。 按： 此處「低昂」可作「俯仰」講，則一身之周天自然循環。

奔走江河即指河車運行之處之所以無枯竭者，因先天之氣水常流注於元海故也。

按： 此則江、河與海，皆當指離。 又按： 江河無枯竭之「無」字，上陽、闡幽本作「之」字，諸本皆作「無」字。 釋疑云： 「舊本『無』作『之』，非是。」師云： 「按『之』字理較優。 蓋謂江河指坎，而海指離。 謂坎宮之所以枯竭者，因坎水流注於離海故也。 然坎水流離，倘致枯竭，則非大小無傷矣。 故當宜斟酌。」又仇註： 「江河無枯竭，常資神水以灌靈根。上自天漢而來，下從崑崙而入。」**蒲團子按**「師云」及引語，當是「甲本」汪伯英抄按，乃陳攖寧語。

夫天本爲雄而地本爲雌，今天地之雌雄者，是以天爲雌、以地爲雄，反其道而行之，是丹道之逆行造化、顛倒陰陽也。徘徊者，不進不退、亦進亦退之象；子者，陰極一陽生也；午者，陽極一陰生也。

寅申陰陽祖者，子水生於申，午火生於寅，故曰「陰陽祖」；出入終復始者，子進陽火，午退陰符，徘徊出入，退而後進也。師云：「寅時之後四刻至卯時之前四刻，申時之後四刻至酉時之前四刻，方有出入之象。所謂『終復始』者，蓋出爲終而入復爲始也。後來丹經都說卯酉，不講寅申。只有龍眉子金丹印證詩云『兔遇上元時便止，雞逢七月半爲終』，是以寅申爲用。蓋以由子到巳、由午訖亥，上下各六個時辰，當以寅卯申酉之交界時，最爲中心也，故不宜單提卯酉也。」**蒲團子按**此處「師云」及引語，當是「甲本」汪伯英抄按，乃陳攖寧語。

然當此之時，宜循其斗柄而招摇攝取，尤須執其平衡以定其元紀。按：集註云：「斗爲衆星總紀，故曰『元紀』。」又云：「招摇與衡，是二是一。招摇乃斗柄，比採藥之劍，取其能招攝也。斗柄起自衡星，有平衡之象焉，喻劍鋒之横指也。臨時交接，凡淺深顛倒，前短後長，順去逆來，皆係此一衡，故執衡所以定丹法之綱紀。」又云：「北斗七星，自一樞、二璇至三璣、四權爲斗魁，自五衡至六開陽、七瑶光爲斗杓。杓即招摇星。」又測疏云：「執衡招摇者，執其杓而轉之也。」無根樹云：「運轉天罡斡斗杓。」又云：「槎影横空泊斗杓。」麗春院詞云：「半夜開丹灶，三更運斗杓。」金丹詩云：「逆回海水流天谷，倒轉風帆運斗杓。」金丹破迷歌云：「點開透地通天眼，斡轉天關斗逆行。」以上在元要篇中。

於是升熬熬爲熬火之樞機，即「白虎熬樞機」之「熬」於甑山指離之上兮，離家之炎火則張於其下；候白虎唱導於前兮即「金華先倡」意，蒼龍乃和之於後即「陽乃往和」意；朱雀即離汞則翺翔謂能飛也以戲兮，其飛揚之色具五彩。遭遇先天一炁之網羅來施功兮，遂壓汞性之飛揚，使不得伸舉；嗷嗷之聲似甚悲哀兮，好像嬰兒之慕母蓋謂神氣相合，鉛汞相投，如子母相戀之狀。嗷嗷甚悲，乃形容其戀慕之情，非真有何種聲音也。

顛倒以就離家湯鑊兮，遂摧折以傷其毛羽。蓋汞爲鉛伏，不得飛揚也。按：此以外丹喻人元也，即硃砂入鉛之時也。外丹書中有句云：「朱雀炎空飛下來，摧折羽毛頭與脚，水銀從此不能飛。」即「摧折毛羽」之說也。

「刻漏未過半，龍鱗狎獵起」者，謂不到半個時辰，即如龍鱗之狎獵重疊貌紛紛而起。於時，有五色之象，炫耀奪目，變化之狀神妙無常。譎譎然在乾鼎中沸馳暴湧而不休止，於是逆行而上，火逼金行，接連重叠，由河車夾脊而至泥丸，再累累然下降絳宮黃庭而入丹田。其時内視所覺之形象，既似犬牙之互相錯距一升一降，若有所磨擦也，又如仲冬之寒冰片片色白有光，而瓓玕玉石也吐鍾乳中空而透明之石。「崔嵬高峻貌，土山之戴石者而雜廁」「交積相支拄」等說，皆形容其身中奇異之景象也。

但所以能如此者，蓋由陰陽得配。然雖有種種景象，而不可着相生心。若一着相，便落在後天。故只能淡泊相守，則自有神妙不可測之變化。

所謂「青龍處房六」者，青龍與房宿皆位於東也，故云「春華震東卯」；白虎在昴七者，白虎與昴宿皆位於西也，故云「秋芒兑西酉」；朱雀在張二者，朱雀與張宿皆位於南也，故云「正陽離南午」。金、木與火，三者俱來朝宗，如家屬之爲親侶。本來只有水火二物，其結果乃成爲三五。按三五有三說：（一）三五即十五，房六昴七張二共爲十五數；（二）「子午數合三，戊己號稱五，三五既合諧，八石正綱紀」，乃水一火二，連土五在內，合稱「三五」；（三）東三南二一個五，北一西四一個五，戊己中央一個五也，是「三五」。三五並於危宿水一之處，故云「都集歸一所」此即混合爲一也。

所謂「治之如上科」者，謂大藥已得之後，當從事温養矣。亦如前築基固命之法。惟日數則當從此處起頭，故云「日數亦取甫」取甫，即資始。

先白者，陶註「採之類白，金液之色」；後黃者，「凝而至堅」「號曰黃轝」；赤色達表裏者，「造之則朱」，火包內外也。

所謂「第一鼎」者，陸云「先天之藥」；食黍米者，陸云「初得之丹」，經云「元始有一寶珠，懸於虛空者」，蓋是物也。

此皆是自然之所爲，並非有邪僞之道。故若山澤之氣自然相通，興雲自然爲雨，泥竭自然成塵，火滅自然化土，蘗染自然爲黃，藍染自成綠組綠繩也，皮革久煮自然能成膠，麯蘖作酵自釀成酒。此皆因同類之易於施功，非種則難以爲巧也。

惟如斯之妙術，審諦不稍妄語，傳於億萬世後，昭然自可考據。煥然若星之經漢，衆目共覩；昺然如水之宗海，萬古不移。只要思之務令詳熟，反覆環視上下，千周萬遍，彬彬可覩，精誠感通，神明告人，心靈自悟。揣摸也端頭也索緒絲端也，必能得其門户也門户，即坎離。蓋天道並無適莫，常傳有賢德之人。

鼎器歌第四十七

圓三五，徑一作「寸」**一分。口四八，兩寸唇。長尺二，厚薄勻。腹齊**一云「臍」**三，坐垂温。陰在上，陽下奔。**

直解

圓爲乾鼎，方爲坤爐。算術上公式，圓形三寸，徑長一寸，圓形三五，徑長一五，故云「圓三五，徑一分」；方形八寸，則徑長兩寸，而四圍適有四個兩寸，二四得八，故云「口四八，兩寸唇」。又三、五、一爲奇，故象乾；二、四、八爲偶，故象坤。長尺二者，比十二月、十二時、十二律，卦氣循環無參差也；厚薄勻者，即調停火候，配合均勻，念不可起，意不可散，念起則火燥，意散則火寒也。腹齊三者，外丹鼎爐，腹下三足，人元亦象之也；坐垂「垂」作「待」字解温者，坐待其氣之温煖也。

「陰在上，陽下奔」者，坤爐之坎卦在上，而坎中之一陽爻即水中金，望下而奔入離家也。

首尾武，中間文。始七十，終三旬。二百六，善調勻。陰火白，黃芽鉛。兩七聚，輔翼人。

直解

首尾武者，首鍊己、尾溫養，皆用武火也；　中間文者，採大藥也。呼吸有數爲武，混混沌沌爲文。

「始七十，終三旬。二百六，善調勻」者，姜註：「得藥之後，百日而始凝。又加二百六十日進退火符，以合周天之數。陰真人云『十月懷胎分六甲，終歲九轉乃成真』是也。」

陰火者，武火；　白者，白雪，指後天小藥也；　黃芽者，文火，即陽火，乃先天大藥之真鉛也。

「兩七聚，輔翼人」者，青龍七宿與白虎七宿陰陽二火聚在一處，以輔翼行功之人也。陸註：「鉛汞之氣，同聚中宮，輔翼人身，以成仙體。」

瞻理腦，定升玄。子處中，得安存。來去遊，不出門。漸成大，情性純。却歸一，還本元。善愛敬，如君臣。至一周，甚辛勤。密防護，莫迷昏。途路遠，極幽玄。若達此，會乾坤。

直解

「瞻理腦，定升玄」者，即目視頂門，瞻顧其腦，久之則自能藥氣升頂。頂者，玄宮也。丹法謂之「移爐換鼎」。

子者，嬰兒也。嬰兒處於玄宮之中，得以安存。「來去遊，不出門」者，只能優游於一身之中，不能出神於玄門之外。蓋嬰兒幼小，未成人也。及乎漸凝漸大，情性日純，再退歸元海，還於本原，用抱元守一之功，要善事愛敬，如君臣之間。若是者，至一周年之久，甚爲辛勤，嚴密防護，切莫迷昏。如是之後，方可陽神透頂，來往自如。

途路遠，則放之彌乎六合也；極幽玄，則卷之潛藏深淵也。若能達此，則宇宙在手，萬化生身，會通乾坤之理矣。

刀圭霑，淨魄魂。得長生，居仙村。樂道者，尋其根。審五行，定銖分。諦思之，不須論。深藏守，莫傳文。御白鶴，駕龍麟。遊太虛，謁仙君。受圖籙，號真人。

直解

刀圭者，金丹大藥也。刀圭既霑，魂魄自淨，於是得長生而居仙村。若欲如此，惟樂道者能尋大道之根宗，以先天一炁爲之本，審五行之順逆，使生尅制化得其宜，定藥物之銖分，使鉛汞抽添合其度。此等至理，但可審思密藏，難以口談筆述。惟默行之，三年九載，道成德就，身外有身，駕鶴驂龍而神遊乎寥廓之表，膺籙受圖而天錫以真人之號，是謂聖修之極功、丈夫之能事畢矣。

序第四十八章

參同契者，敷陳梗概。不能純一，泛濫而說。纖微未備，濶略彷彿。今更撰錄，補塞遺脱。潤色幽深，鈎援相逮。旨意等齊，所趣不悖。故復作此，命三相類，則大易之情性盡矣。大易情性，各如其度。黄老用究，較而可御。爐火之事，真有所據。三道由一，俱出徑路。枝莖華葉，果實垂布。正在根株，不失其素。誠心所言，審而不誤。

參同契者，敷陳梗概即宣告大略也。

不能純一不能純粹精一，完全宣露也，泛濫而說廣說，不說一件也。

纖微未備詳細處不能和盤託出也，濶略彷彿遼濶約略，彷彿似之也。

今更撰錄，補塞遺脱。更撰歌、賦、序文，以補塞本文之遺也。

潤色幽深，鈎援相逮。潤色幽玄深邃之文章，鈎之援之，使相連接也。

旨意等齊，所趣不悖。宗旨主意與原文相同。

故復作此，命三相類。命其名謂「三相類」，即大易、黄老、爐火三道由一之意。

則大易之情性盡矣。明此三者，則大易之情性盡矣。

大易情性，各如其度。大易情性，不外乎陰陽。陰之度數若干，陽之度數亦若干。

黄老用究，較而可御。黄老之妙理，應用作研究，且較然可以運用而乘御。

爐火大事，真有所據。言地元、天元等丹法，都有真實憑據也。

三道由一，俱出徑路。三種道理皆不出陰陽配合。若能明理得訣，具足機緣，皆是至簡至易之事，並非繁難，其路甚近也。

枝莖花葉，果實垂布。正在根株，不失其素。有枝莖與花葉，果實自然垂布。然其正則在根株之不失其素。

誠心所言，審而不誤。

鄶國鄙夫，幽谷朽生。挾懷樸素，不樂權榮。棲遲僻陋，忽略利名。執守恬淡，希時安平。宴然閒居，乃撰斯文。

歌叙大易，三聖遺言。察其旨趣，一統共倫。務在順理，宣耀精神。施化流通，四海和平。表以爲曆，萬世可循。叙以御政，行之不繁。

鄶國鄙夫鄶國在河南，會稽在浙東，借鄶國以寓會稽。鄙夫，自謙也，幽谷朽生山谷中朽生，無用於世也。

挾懷樸素，不樂權榮。棲遲僻陋，忽略利名。懷樸素之念，不喜權位榮華；居於僻陋之區，忽略貨利聲名。

執守恬淡，希時安平。執守恬淡生活，只希時局安平。

宴然閒居，乃撰斯文。

歌叙大易，三聖遺言。歌叙大易之道，與伏羲、文王、孔子三聖遺言。

察其旨趣，一統共倫。夫三聖之遺言，若察其旨趣，實一統共倫，而無有殊也。

務在順理，宣耀精神。其所務者，在乎順自然之理，而宣化光耀吾人之精神。

施化流通，四海和平。若能施化流通於宇宙之間，自然四海和平，而萬國咸寧矣。

表以爲曆，萬世可循。表明大易陰陽消長之道以爲曆，則雖萬世可以遵循，故易傳云：「君子以治曆明時。」

叙以御政，行之不繁。叙大易之道以御政治，則可以端拱無爲，行之以簡易而不繁矣。

引内養性，黄老自然。含德之厚，歸根返元。近在我心，不離己身。抱一無捨，可以長存。配以伏食，雌雄設陳。四物護念，五行旋循。挺除武都，八石棄捐。審用成物，世俗所珍。羅列三條，枝莖相連。同出異名，皆由一門。

引內養性，黃老自然。用大易之道，引之於內，以養心性，即黃老自然之道也。

含得之厚，歸根返元。含先天一炁之厚德，以歸乎其根而返本還元。

近在我心，不離己身。抱一無捨，可以長存。此等道理，皆近在我心，並不離乎己身。苟能抱元守一而無捨棄，則自可以永遠長存矣。

配以伏食，雌雄設陳。四物護念，五行施循。三元丹法，皆重伏食，均須雌雄設陳，用陰陽相配合，龍、虎、雀、龜之四象爲念護，加戊己二土，合爲五行，以周旋而循環其間，方可成丹。

挺除武都挺除，猶言「排却」；武都，山名，產二黃之地。集註云：「鍊藥封口，用武都山紫泥。」，八石棄捐硃砂、硼砂、雌黃、雄黃、砒霜、膽礬爲八石，三元丹法均不須此。

審用成物，世俗所珍。存存子註：「能審其作用而成物，則九年成白雪，十二年成神符，白日飛昇，枯骨生肉，爲希世之珍。」

羅列三條，枝莖相連。

同出異名，皆由一門。

非徒累句，諧偶斯文。殆有其真，礫音「力」硌音「六」可觀。使予敷僞，却被贅愆。命參同契，微覽其端。辭寡道大，後嗣宜遵。

非徒累句，諧偶斯文。非徒然累疊成句，和諧排偶，而爲斯文。**殆有其真，礫硌可觀。**殆有其至真之理，明白顯露而可以觀也。礫硌，明白貌。**使予敷僞，却被贅愆。**假使予宣布之理是虛僞的，却要受一種過愆。**命參同契，微覽其端。辭寡道大，後嗣宜遵。**陶云：「所以命名爲參同契者，蓋微覽金丹大道之端也。言辭雖寡，而其道實大，後嗣應當遵循。」

委時去害，依託丘山。循遊寥廓，與鬼爲鄰。化形而仙，淪寂無聲。百世一下，遨遊人間。敷陳羽翮，東西南傾。湯遭阨際，水旱隔併。柯葉萎黃，失其華榮。各相乘負，安穩長生。

此「魏伯陽歌」四字隱語也。

俞琰註：「『委時』四句，藏『魏』字；『化形』四句，藏『伯』字；『敷陳』四句，藏『陽』字。『委』鄰於『鬼』，『魏』也；『百』去其『一』，下乃『白』字，『白』合於『人』，『伯』也；『湯』與『阨』遭，隔去其水，而併以『阨』傍，『陽』也。」陶註：「『柯葉』四句，藏『歌』字。『柯』失其榮，去『木』成『可』。乘者，加也。兩『可』相乘爲『哥』。負者，欠也。『哥』傍附『欠』爲『歌』。」

知幾子云：「有韻之文謂之歌，即所謂『歌叙大易』也。」又云：「此節文義，亦可順解。委時俗以避物害，身居寥廓之境，幾與山鬼爲鄰矣。意在韜聲學仙，百世重遊，如丁令威之化鶴歸來也。敷陳羽翮者，羽化之後，四方任其翱翔矣。東西南傾者，缺北方之水，則火木旺而銷金，故喻湯年大旱，柯葉萎黄，水枯不能生木也。神仙則身外有身，乘鸞跨鶴，不受侵凌生滅矣，故曰『各相乘負，安穩長生』。」

胡海牙老師家藏鈔本，以陳攖寧、汪伯英寫本爲底本，約抄於二十世紀五十年代

業餘講稿

陳攖寧 著

第三章 千歲上仙，說見莊子。

道書向以老、莊並稱。老子第五十九章雖已發明長生久視之道，而未言仙。莊子第十二篇則有「僊」字僊者，遷也；仙者，山中人也，且主張積極，而反對消極，與全部作風大異。茲特錄其原文如下，使人知莊子亦非專貴無欲、偏尚無爲者。

莊子天地篇：「堯觀乎華。華封人曰：『嘻！聖人。請祝聖人，使聖人壽。』堯曰：『辭。』『使聖人富。』堯曰：『辭。』『使聖人多男子。』堯曰：『辭。』封人曰：『壽、富、多男子，人之所欲也，汝獨不欲，何耶？』堯曰：『多男子則多懼，富則多事，壽則多辱，是三者，非所以養德也，故辭。』封人曰：『始也，我以汝爲聖人耶；今然，君子也。天生萬民，必授之職。多男子而授之職，則何懼之有？富而使人分之，則何事之有？夫聖人鶉居而鷇食，鳥行而無彰，天下有道則與物皆昌，天下無道則修德就閒，千歲厭世，去而上僊，乘彼白雲，至於帝鄉，三患莫至，身常無殃，則何辱之有？』」

第四章　華封三祝，大機大用。

既壽且富，又多子孫，常人心理，原是如此，聖人當不復爾。華封人乃謂聖人應與常人同欲，否則不配稱爲聖人，止可稱爲君子。奇矣！

天生萬民，必授之職，則無失業游惰之民；富而使人分之，則無貧富不均之弊。我國先哲於四千年以前唐虞時代已見到此，更奇！

至於「鶉居鷇食」一段議論，乃奇之尤者。鶉居者，巢居野處，隨遇而安也；鷇食者，簞食瓢飲，自給自足也；鳥行者，老子所謂「善行無轍跡」也；無彰者，老子所謂「和光同塵」也；與物皆昌者，達則兼善天下也；修德就閒者，窮則獨善其身也；千歲者，即莊子在宥篇中廣成子所謂「修身千二百歲，形未嘗衰」也；厭世者，非如普通厭世思想，蓋謂功成名遂，可以歸休，未來之事業，將付託與後人也；去而上仙者，冲舉飛昇，往上遷徙也；乘彼白雲者，肉體化爲炁體也；帝鄉者，上帝所居之境界也；三患莫至者，水、火、刀兵三種災患所不能及也；身常無殃者，聚則成形，散則成炁，永無生老病死之苦也。人生到此，亦可以無憾矣。

或疑莊子文章未免太近於理想，而爲事實上所不可能。試問：今日之飛行機、潛水艇、無線電等類，豈非皆是先有理想，而後有事實乎？西方人理想既可成爲事實，東方人理想偏不許其成爲事實，何耶？三患，在華封人本意，乃指多懼、多事、多辱而言。

第五章 聖凡之分，視其作用如何。

往年偕江西樟樹鎮老友黃邃之君遊常熟虞山，觸景生情，有感於古詩所云「出郭門直視，但見坵與墳；古墓犁爲田，松柏摧爲薪」以及「何不學僊冢纍纍」之句，遂聯想到「華封三祝」故事，謂如此結局，庶幾美滿。黃曰：「誠然。惟壽、富、多子三種欲望，聖人既與凡人相同，其間亦尚有不同者在乎？」余曰：「此須視其作用如何。聖人多子，必施教育以成其材；凡人多子，僅爲族姓增加人口而已。聖人富有，必使羣眾分沾其利；凡人富有，僅爲兒孫看守財產而已。聖人壽考，必有功德及民；凡人壽考，僅老而不死而已。至於鶉居鷇食，在凡人處境艱迍時，雖亦可照辦，但不免怨尤，聖人則甘之若素矣；若夫鳥行無彰，則非才智俱備、學養兼優者不能，凡人更難企及。況自有史以來，亂世恒多，而治世恒少，享大年者，往往遭逢亂世，徒作犧牲，設無鶉居鷇食之簡單生活，及鳥行無彰之圓通運用，身家性命，且不可長保，姑勿論與物皆昌，即修德就閒，又談何容易？姑勿論千歲上仙，恐未及百歲，早已下世。是必有積極的手段，以應付環境，方能達到最高之目的，否則，白雲帝鄉，終成虛願耳。」黃君首肯者再，共坐松陰，相對歎息。今者事隔廿年，不幸而言中。江南名勝，屢經浩劫，城郭猶是，人民已非，然而黃君則羽化久矣。

第六章　仙學乃人類進化之學。

福州道友洪太庵君，曾爲余作靈源大道歌白話註解序文一篇，上海名醫謝利恒君，最賞識此文。洪序首云「仙學者，乃人類進化之學；而成仙，則爲人類進化之結果」，此語足以打破世人一切疑團。蓋依進化而論，古人所不可能者，未必今人定不可能；今人所不可能者，未必後人亦不可能。以進化本無止境也。普通人不足深責，若智慧之士，亦復自甘暴棄，視仙道爲畏途，則是今日人類，非但不進化，反而退化。退化亦無止境，子子孫孫，千百年後，又將如何？

第七章　靈魂肉體，相合爲用；　心理生理，互有影響。

靈魂與肉體，混合組織而成人，靈魂即是精神，肉體即是物質。靈魂譬如電，肉體譬如電燈泡，電與電燈泡相合方能發光，靈魂與肉體相合方有作用。燈泡毀壞，雖有電而無光；　肉體死亡，雖有靈魂而無用。燈泡陳舊，光雖有而不明亮；　肉體衰老，人雖活而乏生機。燈泡毀壞之後，電流停止於線上，換裝新燈泡，則又能發光矣；　肉體死亡之後，靈魂分散於空間，附着新胎兒，則又成人矣。新燈泡雖同樣的發光，但廠家之牌號，光頭之大小，不必定與已壞之燈泡相同；　新胎兒雖同樣的成人，但產生之地點，性格之賢愚，亦不必定與前世之人相同。知此者，可以談靈魂。

電燈泡是物質，電未嘗不是物質；　肉體是物質，靈魂未嘗不是物質。因此種物質，微細到不可思議，故名曰精神，以示與粗劣之物質有所區別。其實粗劣物質即微細物質所轉變，故精神與物質，可謂同出一源。物質若能還源，即是精神。然精神既已成物矣，當無自動還源之理，必有外力加入，則物質又可轉變而爲精神。知此者，可以談鍊丹。

物質與精神既有如此密切之關係，故在人身上，生理可以改變心理，心理亦可以改變生理。譬如傷寒熱病則發狂，飲酒大醉則妄語，腦充血則神智昏迷，受蒙藥則知覺全失，此即生理影響及心理也；又如悲哀則淚流，惶急則汗出，憂思則飯量減少，盛怒則筋脈僨張，此即心理影響到生理也。

第八章　精神物質，是一非二；　凡體修仙，大有可能。

凡有志於仙學者，必須認識精神與物質是一件事，許多困難問題自然易於解決。世俗對於神仙事跡，常有兩種相反之論調。一種謂決定有。問其證據何在，則以歷代書籍記載爲憑。然各書記載未必概屬真實，設如小說家杜撰之言，或是以耳爲目傳聞之語，又烏可盡信耶？一種謂決定無。問其憑何推斷，則以今世未嘗有人親眼見過，故謂其無。然世界如此之大，人壽如此之短，一人一生所親見之事物，能有幾何？若以己所未見者爲無，直等於坐井觀天。若以人所未見者爲無，又豈能執四萬萬人一一而詢其曾遇仙否？假使人云有者，我亦將云有耶？昔日故舊，知余好仙學，彼等偶見江湖怪異之流，輒舉以相告，余則不爲所動，久後偵之，彼等都爲狡黠者所紿，如墮五里霧中，而不自覺。天下事非衆目所覩者，固不敢謂其無，即使爲衆目所覩，真實不虛者，亦未可遽信其有。「有」「無」二字，誠不易言也。吾輩倘懂得仙學爲人類進化之學者，則古代神仙之有無，可不必論。若有仙，吾輩算是繼承者；若無仙，吾輩即是創造者。近代許多事業，古人皆夢想不到，吾輩本該自豪，何獨於成仙一事，而自怯自餒如此？果能認識精神與物質是一非二，心理與生理可以互變，則知凡體鍊成仙體並非不可能矣。

第九章　破生死關四種手段。

某君嘗聞前輩老師云，學道者須能破三關，方有入處。一，名利關；二，色慾關；三，生死關。某君自省，名利關尚不難打破；若要破色慾關，必須有巧妙的方法，非空言所能奏效；破生死關，則尤難。

余謂，第一道名利關，在常人就不易破。能破此關，即非常人矣。仙家破色慾關，確有妙法，不是常人所能知能行，且常人亦無須破此關，任其自然造化可矣。至於生死問題之處置，則不外乎四種手段：第一種，聽天由命；第二種，順天安命；第三種，樂天知命；第四種，逆天改命。

所謂「聽天由命」者，此等人於生死關尚未透過，總覺得生之可戀而死之可悲，但自己肉體與靈魂又絲毫作不得主張，事到臨頭，束手無策，完全聽造化所支配。此乃普通凡夫之境界也。

所謂「順天安命」者，此等人已經打破生死關，對於生不感興趣，對於死亦不起恐慌。如莊子所云「大塊載我以形，勞我以生，佚我以老，息我以死，故善吾生者，乃所以善吾死也」，又「不知悅生，不知惡死，其出不訢，其入不距」，又「適來，夫子時也；　適去，夫子順也。安時而處順，哀樂不能入也」。　此類語意，莊子書中蓋數見之，乃哲人達觀之境界也。其表面雖與凡夫之無辨法相同，而內心之感覺則大異。　高則高矣，惟嫌其太消極耳。

所謂「樂天知命」者，此等人非但生死關早已打破，並且不取消極，而取積極。　生時光陰決不虛度，必行弘道濟人利物之功；　死後靈性歸還本源，仍同宇宙真宰合而爲一。　故孔子讚易曰「知周乎萬物，而道濟天下，故不過；　樂天知命，故不憂；　安土敦乎仁，故能愛」，又「原始返終，故知死生之說」，此乃聖人應化之境界也。　雖然結局仍不免一死，但積極的兼善天下而死，與消極的獨善其身而死，器量又不同矣。

吾輩主張，則於百尺竿頭，更進一步，直要奪造化生死之權，所謂「逆天改命」是也。如參同契所云「金砂入五內，霧散若風雨。　薰蒸達四肢，顏色悅澤好。　髮白皆變黑，齒落生舊所。　老翁復丁壯，耆嫗成姹女。　改形免世厄，號之曰真人」，又「勤而行之，夙夜不休；　伏食三載，輕舉遠遊。　跨火不焦，入水不濡；　能存能亡，長樂無憂。　功滿上昇，膺籙受圖」，此乃神仙超人之境界也。　吾輩同志，儘管放膽向前做去，不必畏難，亦不必過於推崇古人而藐視自己。　孟子書曰：「舜何人也，予何人也，有爲者，亦若是。」

第十章 服食丹藥，無絕對的利害可言。

某君由滬來寧，過訪敝寓，相見甚歡。談及上海方醫師有鑒於近代修鍊家大半壽齡短促，皆由彼等不知服食之法，故堅決主張仙道初步非從丹藥服食入手不可，並欲親自試驗。

余謂，方君識解固超，其勇氣亦不可及。因其國醫學術素有根柢，凡藥物之性質與利害，皆所深悉，故可從事於此。若普通人冒昧爲之，則不敢贊許。三十年前，余贈遼東某君長歌一首，內有句云「黃金萬兩不買命，英雄到死真掃興。秦皇漢武求神仙，歷史相傳爲笑柄；唐明天子喜金丹，朝服紅丸暮入棺。都說長生不可學，廢書捲卷徒悲歎」，此言服食丹藥之弊也。辛巳歲冬季，又作小詩四首，贈上海謝醫師，茲錄其一如下：「屑玉丸芝話正長，仙經密奧費猜量，千秋復見孫思邈，好入龍宮乞禁方。」觀此可知，余亦是同情於服食者。前後所言，意若矛盾，其實天下事本無絕對的利害，惟視乎人爲而已。

第十一章　丹經每多矛盾，學者不可執一。

丹經每於自相矛盾之處見意，學者執著一邊，遂不免爲書所誤。參同契中有關爐火之說云：「世間多學士，高妙負良材；邂逅不遭遇，耗火忘資財。據按依文說，妄以意爲之；端緒無因緣，度量失操持。擣治羌石膽，雲母及礬磁；硫黃燒豫章，泥汞相鍊飛；鼓鑄五石銅，以之爲輔樞。雜性不同類，安肯合體居；千舉必萬敗，欲黠反成癡。稚年至白首，中道生狐疑。」悟真篇亦云：「休鍊三黃及四神，若尋眾草更非真；時人要識真鉛汞，不是凡砂及水銀。」參同、悟真，乃仙學中最負盛名之著作，彼等對於爐火燒鍊之論調如此，後來學者，讀參同、悟真，先入爲主，莫不痛恨外丹、偏讚內丹，文墨之士更從而附和之。於是乎，知識分子遂視外丹如毒藥。實際上，彼等所見到者，乃這一邊事，不是那一邊事。

大易、黃老、爐火三道由一，乃魏公作書之本旨，斷無鄙棄外丹之理。試觀參同契所云：「刻漏未過半兮，魚鱗狎鬣起；五色象炫耀兮，變化無常主；潏潏鼎沸馳兮，暴湧不休止；接連重疊累兮，犬牙相錯距；形似仲冬冰兮，瓓玕吐鍾乳；崔巍而雜厠兮，交積相支柱。」以上各句，若非說外丹，是說何物？人身中安有如此奇怪狀態？縱曰將外比內，可見外丹亦自實有其事，否則安能形容得出？悟真篇本是專講內丹，然篇中所用各種名詞，如鼎爐、藥物、火候、鉛汞銀砂、黃芽白雪、地魄天魂、紫金霜、一粒靈丹之類，皆由外丹而來。可知仙學演進之程序，外丹在先，內丹在後。外丹名詞早已普及，人皆能曉，故內丹始好借用，此理顯而易見。張紫陽曾為金藥秘訣作序文，通篇約千餘字，闡明外丹法象，辭意優美，與彼自作金丹四百字序專講內丹者，可稱雙絕。近代作道書者，拾前人餘唾，肆意排斥外丹，豈非數典忘祖乎？

參同契所言外丹景象，乃指全部丹法過程中之一段而言，余已經目覩，的確如此。

第十二章　黃白點化，非不可能，局外之人，難窺真相。

某君爲研究古代仙學，搜集各種外丹書，至數十册之多。三年前，擬在江西省上饒縣購礦山一處，既可以開採礦砂，增加生產，又可以實地試驗爐火之術。邀余入山靜修，得暇則兼顧其事。已心許之矣，後以時局萬變，計劃終成泡影。惟外丹黃白術，亦是仙學一大支派，書既難懂，事又隱秘，全國中知此術者極少，普通人對於此事所發之議論皆等於隔靴搔癢。爐火之事，余將來雖不欲再做，但頗有記述之必要，蓋以見古人所作外丹書非盡欺騙者。

清咸豐年間，江西隱士老古怪，傳授外丹術於安徽白雲谷先生；光緒年間，白雲谷傳授外丹術於南京鄭君；民國初年，鄭又傳江西黃君。所謂「老古怪」者，隱其名不欲人知，弟子輩訝其師言動拂於常情，戲以「老古怪」三字擬之，彼不以爲忤，反樂以自稱，人因從而名之。老古怪能點銅爲銀；白雲谷止能乾汞成銀，而不能點化，術遠遜其師；鄭君僅做到死砂，不能轉接，亦不能乾汞，是又遜於白雲谷矣；及至黃君，雖死砂亦無把握，更不如鄭。黃君爲余家座上客，有十年之久，親密異常，言談無忌。余嘗笑謂黃君曰：「貴派所傳點金術造詣之程度，可謂愈傳愈壞，一代不如一代。」黃君歎曰：「此術將來只好讓外國人去發明，中國人環境惡劣，阻力太多，實無辦法。」余當時頗不以此言爲然。

民國十年以前，鄭黃二君合租屋於上海虹口三角小菜場相近，專門燒鍊。二房東乃廣州盧君，出資者乃香山鄭君。經過兩載，止鍊得死砂半斤。後鄭君因事返里，黃君遷住余家。暇日黃君啟篋出死砂十粒示余，並用吹火管就火酒燈上將一粒死砂吹化，黑皮退落，砂中死汞滾躍而出，俟其冷結，即成一粒白銀珠子。然此死砂，乃鄭老先生所留下者，黃君却不會做。余謂黃君曰：「此砂雖死，恐有盜母之病，所以不能通靈。」黃君大驚曰：「此是內行話，多年以來，未聽他人言過。鄭老先生當日亦注意到此，苦無補救方法。現今國內通此道者，不過數人，且又多年不見，此刻實無人可問。」余曰：「丹經云『毒在腹中須用瀉，瀉毒還須毒作媒』，請鄭老先生將那半斤死砂重行入爐，如法鍊過，即可望轉接矣。」黃君遂馳書與鄭，鄭得信喜甚，急欲在南京重安爐鼎，以諸事皆不順利，復作罷。余嫌正法用戊己二土死砂，手續麻煩，難期速效，乃以旁門之法，代替造土。民國十五年，在滬寓同黃君小試其術。池鼎大如酒杯，皆自己動手所做。開爐未久，幸其事半而功倍。藥成，將新電燈線紅銅絲剪下寸許，烊開，以藥點之，得綠豆大白銀珠子一粒。

雖無用處，然因此可以證明丹經點銅爲銀之說，並非虛妄。惜環境障礙重重，萬難再向前進，耗五六人之精力，費十餘載之光陰，所得僅此而已。可知黃君前說「環境惡劣，阻力太多」，實不爲無見。我輩所證明者，乃點銅爲銀一事，而古人所謂點金術，則真是點化黃金，較後世鍊丹家僅能點銀者，更爲神妙。呂祖詩云「起來旋點黃金賣，不使人間作業錢」，可以爲證。

世人妄謂東方點金術不成，遂變爲西方之化學，乃門外漢之言。誰知其中有不成而謬說已成以騙人，如江湖方士者；亦有已成而仍說不成以自晦，如隱居高士者。此尋師訪友之難也。外丹書，有真者，有假者，有半真半假者，更有滿紙外丹名詞而實非外丹燒鍊之事者；有上等訣，有中等訣，有下等訣，更有不成其爲訣而自命爲得真訣者。此讀書之難也。故余不欲勸人從事於此，自己將來亦無意再做。所以不憚煩做長篇記述者，因此事乃中國絕學，世人每疑爲虛妄，今於初步既得證明其真實非虛，私願已足，別無奢望，亦無絲毫藉此謀利致富之心。假使有人見吾書所言，遂往各處訪求丹客，出資共同燒鍊，墮入圈套，必定失敗無疑。有言在先，余不任咎。

第十三章　仙學宜脱離宗教範圍以求進步。

某君嘗言，仙學中之外丹，即超等之化學，仙學中之內丹，即超等之生理學，對於宗教，絕無關係。余頗以此說爲然。試觀東漢魏伯陽真人所著參同契，號稱「萬古丹經王」者，全部自首至尾，不染宗教色彩。宋元以降，仙學家之著作，皆與宗教糾纏不清，弄巧反成拙，其見識不及古人遠矣。吾輩今日講仙學，必須脱離宗教範圍，自由獨立，方有真理可尋。否則，立足點殊欠穩固，彼等嗤宗教爲迷信者，遂倂仙學一概推翻，認吾說亦屬迷信之流，豈不寃枉？此後地球上各種宗教將逐漸銷滅，難以存在，吾輩今日果能思患預防，和宗教劃分界限，脚踏實地，按步就班，循序漸進，到彼時，神仙學術自然發達異常，有改造世界之能力，本書可謂第一部創作，將來必有多數繼我而起者。

頂批一　此章擬取消不用，恐彼等信仰宗教者見而反對。**頂批二**　此章無關係，不必取消。因爲宗教和仙學其性質本不能妥協，能劃清界限最好。

第十四章 參同悟真，宗旨不同； 金丹真傳，更非上乘。

仙學家每以參同、悟真並稱，余謂悟真篇與參同契頗有分別。世間好道之士，雖知參同契爲仙道第一部經典，但因其字句古奧，不能了解，遂轉而求之悟真篇。於是乎，學者僅知有「老翁復丁壯」之工夫，不聞有「耆嫗成姹女」之作用。而且悟真前序依傍三教，後序高唱「無生」，已失却仙家獨立之資格；悟真篇拾遺中更有禪宗歌頌詩曲雜言一段，引證楞嚴經「十種仙」及「彌勒」「金剛」經頌之說，尤爲自貶聲價，不足取法。兹特選定參同契爲專門仙學教科書，悟真篇置之勿論可也。自明末清初至於近代，學者又以悟真辭句雖暢達易明，口訣仍隱藏不露，又轉而求之坊本參同、悟真卷尾所附刻之金丹真傳，已是愈趨愈下矣。金丹真傳雖非上乘丹法，但其口訣亦復諱莫如深，致令學者茫茫無所適從，江湖邪說乘機而入，仙道名譽因此敗壞。提倡學術，挽回風氣，乃吾輩之責也。

第十五章 參同一派，仙道中堅；學術進化，後勝於前。

十年前，余所讀道書秘籍，其中參同、悟真各家註解頗多，有主陰陽法者，有主清淨法者，有純粹正宗者，有夾雜旁門者，集世間參悟派學說之大觀，可見此一學派，於仙道中實佔重要地位。歷代以來，知識分子研究此學者，亦繼續不絕。無論古人是否成功，吾輩後起者總有成功的希望，時代愈後者，則希望愈大。今勝於古，後勝於前，未來者勝過現在，乃人類進化之公例，凡百學術，莫不皆然，仙學自不能例外。所以古人是否成功之問題，在今日已無討論之必要。吾輩惟有一方面遵從往哲遺規，向前邁進，一方面採取現代新法，加以補充，斯可矣。

或疑第十二章中，言外丹愈傳愈壞，一代不如一代，此處又言今勝於古，後勝於前，理論與事實不免衝突。余曰：無妨。前謂愈傳愈壞，乃指私人局部的秘密單傳而言；此謂後勝於前，乃指人類整個的學術進化而言。彼亦一事實，此亦一事實。即如吾國仙學，黃帝以降，迄於近代，向來是秘密傳授，從未有聯合合國學道之人公開研究者，自余曩歲投稿提倡，始引起讀者興味。東至奉、吉、朝鮮，西至陝、甘、滇、蜀，北至魯、豫、燕、晉，南至閩、廣、呂宋，問答紛紛，如雪片飛翔，郵函往來，每日必有，終年不斷，誠往古所未聞也，豈非整個仙學進化之事實乎？ 諸君勿以現代不出神仙爲憾，須知，先有真學，而後有真仙。宋、元、明、清四朝，仙學墮入宗教圈套中，已失其真面目，前輩神仙都變成教主，後輩學者都變成教徒，依如此方式而求神仙，殆猶緣木求魚，永無達到目的之一日。

第十六章 參同契各家註解書目。

參同契爲仙道第一部經典，茲將各家註解書名、人名及朝代分別列於左，以備後世仙學家有所考證。

周易參同契通真義，三卷，五代時孟蜀廣政十年真一子彭曉撰，道書全集本；

周易參同契考異，三卷，宋朱熹撰，朱子全書本；

周易參同契解，三卷，南宋端平改元抱一子陳顯微註，道書全集本、道藏輯要本、單行本；

周易參同契，三卷，陰真人註，道藏本；

周易參同契，三卷，儲華谷註，道藏本；

周易參同契，三卷，無名氏註，道藏本；

周易參同契，一卷，無名氏註，道藏本；

周易參同契發揮附釋疑，三卷，元至元甲申全陽子俞琰述，單行本；

周易參同契分章注，三卷，元至順年間上陽子陳觀吾註，道書全集本、道藏輯要本、通行本；

古文參同契集解，八卷，明復陽子蔣一彪輯，汲古閣本；

周易參同契測疏，三篇，明潛虛子陸西星著，方壺外史本、道統大成本；

周易參同契口義，三篇，作者同前；

參同契箋註，明一壑居士彭好古註，道言內外本；

參同契章句，一卷，清李光地撰；

參同契闡幽，七卷，清康熙己酉雲陽道人朱元育口授，潘靜觀筆述，道藏輯要本、道統大成本；

參同契集註，三卷，清康熙十四年知幾子仇兆鰲著，單行本；

參同契脈望，三卷，清康熙庚辰存存子陶素耜述，道言五種本；

古文周易參同契註，八卷，清乾隆丙寅袁仁林註，惜陰軒叢書本；

古文周易參同契秘解，清呂杏林註；

周易參同契集韻，清紀大奎作；

參同契正義，清元真子董德寧作；

參同契直指，清嘉慶四年悟元子劉一明解，翼化堂藏版；

參同契養病法，四卷，中華民國八年默悟子張廷棟解；

參同契，一卷，無註，漢魏叢書本。

以上二十四種，皆以見過。此外僅聞書名未曾寓目者，約十一種，亦附列於後。

古本參同契，杜一誠刊；

參同契分釋，徐渭；

參同契句解，李文燭；

參同契註，王九靈；

參同契繹註，甄淑；

參同契註解，姜中真；

參同契補天石，尹太鉉；

參同契疏略，明王祿著，百陵叢書本；

周易參同註解，三卷，明張位撰；

古參同契集註，六卷，清雍正年間南昌劉吴龍撰；

參同契註，二卷，清上虞陳兆成撰。

佛教的參同契。禪宗南嶽石頭和尚作辭曰：「竺士大仙心，東西密相付。人根有利鈍，道無南北祖。靈源明皎潔，枝派暗流注。執事元是迷，契理亦非悟。門門一切境，迴互不迴互。迴而更相涉，不爾依位住。色本殊質象，聲元異樂苦。暗合上中言，明明清濁句。四大性自復，如子得其母。火熱風動搖，水濕地堅固。眼色耳音聲，鼻香舌鹹醋。然依一一法，依根葉分布。本末須歸宗，尊卑用其語。當明中有暗，勿以暗相遇；當暗中有明，勿以明相覩。明暗各相對，比如前後步。萬物自有功，當言用及處。事存函蓋合，理應箭鋒拄。承言須會宗，勿自立規矩。觸目不會道，運足焉知路。進步非近遠，迷隔山河固。謹白參玄人，光陰莫虛度。」以上五言四十四句，雖亦名爲參同契，但與丹道無關。

第十七章 仙學可以彌補人生之缺憾。

某君言：「人生不過數十寒暑，已嫌壽命短促，況在少年時代，對於世事毫無經驗，不足以有爲；及至衰老，雖經驗豐富，而身體已壞，暮氣已深，亦不足以有爲；中間一段，止得三十餘載光陰，並且逆境多而順境少，又復百憂感其念，萬事勞其形，結局不過一坵黃土，幾莖白骨，與草木同腐。思之思之，人生太無意味。若說死後如何如何，都是夢話。」

余曰：「聰明人所以立志學仙，就想彌補這個缺憾。」

旁聽之客問曰：「往昔所謂神仙者，是否真有其事？恐不免白費心力。」

余曰：「此事在往昔真有與否，無關輕重，但是這條路今日頗不易行。設有第二條路可以達到我等之目的，情願改變方針，隨君等而走。」

客問：「目的何在？」

余曰：「初步長生不死，最後白日飛昇。」

客曰：「全世界各種宗教、哲學、科學，皆無此辦法。」

余曰：「既無第二條路可走，只得仍舊走我自己的路。」

客問：「世間應做之事甚多，何必定要做這件不可能之事？」

余曰：「聖賢如孔、孟、顏、曾，教主如釋迦、耶穌，貴如帝王、將相，富如鉅商、大賈，以及科學界之發明者，藝術界之成功者，思想界之創造者，屈指難數。試問彼等所作所為，究竟有何益處？謂於其本人有利益乎，而本人早已死矣；謂於天下後世有利益乎，而後世之人祖、父、子、孫又繼續而死矣。人類凡有作為，總以生活為根據，離生活而談事業，其事業即無價值。憑短命而視生活，其生活亦無價值。吾輩既抱憾於短命的人生，當然對世間萬事不感興趣。神仙事業，他人以為不可能者，吾輩則以為非不可能，彼此見識相差太遠。」

第十八章　儒釋道仙宗旨難以强同。

儒、釋、道、仙四家，宗旨各別，乃余平素所主張。凡是高明之士，皆贊同余說。今再附記於此。

儒家見解，認爲人生是經常的，所以宗旨在保守舊章，維持現狀，而不許矜奇立異，因此人生永無進化之可言。吾國科學落伍即由於此。

釋家見解，認爲人生是幻妄的，所以宗旨在專求正覺，而抹煞現實之人生，因此理論與事實往往不能一致。既說人生是幻妄，而對於生活上所必需的衣食住行各項，仍要極力營求，故謂理論與事實不能一致。

道家見解，認爲人生是自然的，所以宗旨在極端放任，而標榜清靜無爲，因此末流陷於萎靡不振，頹廢自甘。

仙家見解，認爲人生是缺憾的，所以宗旨在改革現狀，注重事實，戰勝環境，抵抗自然，因此思想與行爲不免驚世而駭俗。

非但儒、釋、道三家難以協調，即道家與仙家，表面上似乎没有分別，而實際上則大相懸殊。蓋道家順自然，仙家反自然也。

第十九章　成仙爲目的，長生爲手段。

人生本是苦多樂少，尤其生在今日之中國，可謂止有苦而無樂。此時偏要提倡長生學術，不知者或疑吾輩對於世間有何貪戀，其實吾輩並無所謂貪戀，惟欲聯絡幾位志同道合的伴侶，各竭其技能，互相幫助，共在人類進化原則之下，盡一份義務而已。吾輩不滿意人類現在的生活狀態，故發願研究超人之學術，創造新生命，以圖將來於太空中其他星球上，闢一新世界而居之。但又不滿意迷信家死無對證的神話，必須當未死以前修鍊成功，靈魂不爲肉體所拘，能自由出入，方是真憑實據，此乃起碼的效驗。此後程途，更無限量，若壽命太短，則難完全功。故吾輩以成仙爲目的者，不得不以長生爲手段。

第二十章　人道更以長生爲必要。

仙道固然首貴長生，即專就人道而言，更以長生爲必要。試列舉社會上幾種需要長生之人物如次。

（一）一身繫國家安危者要長生；
（二）品德爲羣眾所仰望者要長生；
（三）發明專門學術者要長生；
（四）教育天下英才者要長生；
（五）創立偉大事業者要長生。

因彼等一個人之生死，每關係多數人利害之故耳。再就普通心理而言，人人自己莫不希望長生，可惜人人皆無辦法，真可謂全人類最大的缺憾。古今中外，歷史有名人物，生前未嘗不轟轟烈烈，震耀一時，轉瞬間，個個向土裏鑽去，年代久遠，骸骨都歸銷滅，竟不知人生所爲何來。天下滑稽之事，尚有過於此者乎？

第二十一章 仙醫合作，可防衰老。

世間金石之類，壽命最長； 其次即推植物，蒼松翠柏，只須生長在適宜的環境中，不遭人獸之侵害，壽命總在千年以上，深山內仙草靈藥，亦有幾百年壽命； 惟五穀蔬菜等物，自生長以至成熟，不過一年半載之間，其壽命最短。今世信仰素食主義者，每不知和學識經驗俱富之醫生研究各種補藥之用法，僅恃煙火食中短命的穀菜希望益壽延年，亦徒勞夢想耳。但惜國醫懂仙學者頗少，新醫而又好仙道者更少，是在有志之士平日留意訪求，以備顧問，此即黃帝醫經所謂「上工治未病」也。人若不於壯年無病時早爲防護，迨衰老已至，疾病已成，始臨渴而掘井，投奔市俗名醫之門，倉皇挽救，效果全無，其愚真不可及矣。衰老是慢性的內傷病，須賴仙學與醫學合作，方能預防，而下手宜早，遲則難以見功。

第二十二章 有志長生，宜戒肉食。

素食既不能長生，遂想到肉食，以爲滋養豐富，補益良多。然猪、羊、雞、鴨各種家畜，其本身壽命甚短，即使不被人所殺，經過十餘年，亦自然老死，僅及人類普通年齡五分或六分之一，故肉食亦無延齡之望。食肉太多者，非但不能益壽，而且損壽。近代幾位武術名家，每餐非肉不飽者，皆短命而死；修養家喜食肥甘厚味者，常易得腦充血症。故凡有志於長生者，宜戒肉食爲要。若恐營養不足，牛乳、雞蛋亦可代替肉類。往歲余在滬講長生學時，言家畜動物，壽命太短，人食其肉，不能長生，反致夭折，旁聽者遂謂野禽、野獸以及龜、鹿等物壽命都長，我等不妨改食野味及龜、鹿肉，當比家畜有益。余曰：此意大錯。仙家戒肉食，乃一概不食，非謂不食短命動物而食長命動物也。蓋以動物血肉腥羶穢濁，與內丹清靈之氣不能相容，況且因自己要求長生而殺害許多無辜動物之生命，在彼弱小動物眼光中，視吾輩之凶惡，尤甚於虎狼。如此行爲，決非仙學家所應有者，切宜戒之。

第二十三章　獨身主義，有利有害。

禮記引孔子之言曰：「飲食男女，人之大欲存焉。」何以故？因無飲食，自身即不能生活；無男女，種族必至於滅亡。故此二者，乃人類生存上必要之條件。但如仙學家，是否亦與世俗相同，需要飲食男女，是爲亦大問題。若說同樣的需要，則仙凡何別？若說永久的禁止，在飲食方面，必至饑渴而死；在男女方面，雖勉强可以照辦，惟效果亦等於零。世間宗教徒，抱獨身主義者，國內不下數百萬人，其中未嘗有因獨身而遂能免除老病死者，彼等僅可稱爲節制生育、減少人口的實行家耳。然世界列强，爲戰爭故，正在奬勵結婚，設法增加人口，弱國民眾乃反其道而行之，勢必至於强者愈强，弱者愈弱，恐不適合近代立國之原則，將來到不得已時，當局者或取干涉政策以矯其弊，亦未可知。余今爲此事下一公允之評判：獨身主義，對於自己利害各半無妻、子之累，固然可以減輕自己的擔負，免除許多煩惱，但亦不能組織家庭，自己一身飄流無着，若非寄託於公共場所，只有投入宗教門中，以了殘年而已，否則到處感受困難，對於國家民族止有害而無利人口減少，不足以禦外侮。兩國戰爭，武力相等者，人多則佔優勝，對於整個世界，則有利而無害近代交通工具，飛速進步，地球範圍日見其小，而陸地面積更爲有限。獨身主義之結果，即是減少人口，於某一國雖不利，於全世界則有利。蓋爲全世界着想，實在不需要這許多人類。

第二十四章 仙學家飲食男女與俗人不同。

某君問：「素食及肉食皆不能使人長生，絕食更要餓斃；有男女配偶者，與抱獨身主義者，結果彼此皆同樣的老死。豈非令學者進退兩難乎？」

余曰：「君勿躁急，生死大事，豈是立談就能解決？仙學中飲食男女，比較世俗，當然有特異之處。設若相同者，則仙學家之結果，亦難免與俗人相同矣。世間酷好修鍊之人雖多，而實在長生之人極少。因彼等於飲食男女之事理，認識不清，徒知消極的吃素斷慾，而無積極的方法以運用於其間。老病死既無異於常人，則死後靈魂失其團結之力，不能獨立存在，不能自由活動，或分散於虛空，或附着於物類，亦與常人無別。余並非反對彼等之消極方法，且認爲此法有一部分的好處，惟恃此法以求成仙，則徒勞夢想。須知，修鍊家由凡體而變換仙體時，其間有極長之歷程，許多之段落，不可一蹴而至。故初步工夫，本毋須完全斷絕飲食男女，但運用之方法則頗異乎俗人。丹經雖云『精滿不思慾，氣滿不思食，神滿不思睡』，此乃指工夫程度已深，精氣神已經滿足者而言。至於初學者，身中精氣神多半虧損，先要從不滿而求其滿，應當有特別方法，以制御飲食男女之事，始能於損中獲益，害裏生恩。蓋貪戀飲食男女而學道，固屬北轍南轅；離開飲食男女以求仙，又似鏡花水月。在進退兩難之間，吾輩必有以處此矣。」

第二十五章　成仙須用積極的方法。

某君又問：「積極的修鍊方法，可得聞否？」

余曰：「人類肉體之構造，內外各部，非常複雜。若想用一種簡單的方法，使生命永久長保，便與事理相違。世間修鍊家，做幾十年工夫，最後仍不免失敗者，即因彼等所用的方法過於簡單。就身體某一部份上說，不無少許益處，但於其他各部都未曾顧到。余所謂積極的方法是複雜的，而非簡單的；是精神與肉體，內部與外部，處處皆要顧到，而不是偏於局部的；基礎建築在物質上面，而不是心性空談；工夫注重在作爲上面，而不是終日枯坐。既然如此，故非三言兩語所能了解，惟有逐漸說明耳。」

第二十六章　空間無邊，時間無盡。

某君素日研究學術，思想深入裏層，不似他人只看表面，故能用新醫藥之經驗，闡明丹道，妙合玄機。最近得暇，余遂與之暢論仙學正宗並江湖方士、旁門僞法各種分別，伊頗有會心。問答雖多，未便一一形諸筆墨，玆將可以公開者，記錄如左。

四方上下謂之宇，宇是空間；往古來今謂之宙，宙是時間；空間與時間相合，保持連續不斷之運用，則名爲宇宙。

問：「空間有邊否？」

余曰：「若說有邊，必定有殼子在周圍包住。殼子厚薄幾何，殼子之外又是何物，更難想像，故以無邊之說較爲圓滿。」

問：「時間有盡否？」

余曰：「地球上時間有盡，地球外時間無盡。吾人所居之世界雖有始有終，而宇宙總相則無始無終。學者宜分別觀之。」

問：「何故有如此分別？」

余曰：「凡物有成必有毀，成與毀、生與滅是相對的，不可執著這一邊，而棄却那一邊。地球亦是一物，自然不能例外，既有當初之生成，必有將來之毀滅。此世界所謂年月日時者，皆由於地球公轉及自轉而起，地球本體若不存在，安有時間可言？故曰地球上時間有盡。然地球雖毀，而太空中無數星球決不至於同時皆毀。或者此處老地球尚未滅盡時，而他處新地球早已產生，自然又有新時間繼續發現，故曰地球外時間無盡。」

第二十七章　宇宙真宰，是道與力。

某問：「宇宙有主宰否？」

余曰：「有。」

問：「是上帝否？」

余曰：「不是。」

問：「何爲宇宙之主宰？」

余曰：「是道。」

曰：「『道』字本義，玄妙難解，而且人各有道，此之所謂道，又大異乎彼之所謂道，故我等對於『道』字竟有莫測高深之歎，尚有他字可以代表否？」

余曰：「道不可見，所可見者即是力。故『力』字可以代表『道』字。試觀宇宙間有所謂引力、吸力、攝力、離心力、向心力，機械上有所謂電力、熱力、風力、水力、壓力、馬力、原動力，政治上有所謂權力、威力、武力、實力，社會上有所謂人力、物力、財力、勢力、號召力、團結力、誘惑力、經濟力、生產力、購買力，人身上有所謂腦力、心力、膽力、魄力、眼力、精力、氣力、體力、智力、魔力、學力、才力、能力、記憶力、辨别力、消化力、生殖力，修鍊上有所謂福力、慧力、定力、法力、道力、神通力。以上不過舉其大略，已有如此之多，其詳則難以計算。中庸云：『道也者，不可須臾離也，可離非道也。』余亦謂：『力也者，不可須臾離也，可離非力也。』『道』與『力』，本是一件事，以體而言謂之道，以用而言謂之力，觀力即知道矣。宇宙間極大之物體如太陽、地球、恒星、行星，極小之物體如原子、電子，無一處不是力之所彌布，無一物不受力之所支配，故『力』亦可認爲宇宙真主宰。」

曰：「昔日某刊物中本有『道即力』之說，讀者每不得其解，今則豁然貫通矣。假使有人說『道即上帝，上帝即道』，似亦無妨。」

余曰：「不可。哲學家所謂『道』，科學家所謂『力』，皆是無人格、無意識的。宗教家所謂『上帝』，儼然像世間之帝王，是有人格、有意識的。彼此觀念既不相同，故名稱亦難以假借。」

第二十八章　上帝不能管我等世界之事。

問：「道與力之外，別有所謂有人格、有意識的上帝否？」

余曰：「假使有上帝，必定有一位最高負責任者。但是現今我等所居之地球上，列國戰爭，殺人如麻，並無最高權力足以禁止人類互相殘殺。歷年來，宗教信徒祈禱和平者，遍地球上，何處無之？何日無之？未見絲毫效果。此一世界是否有上帝，乃成疑問。太空中其他星球上，若有人類或仙類，則不能無社會。有社會必有組織，有組織必有首領。彼處之首領，此處不妨呼之爲上帝。星球無數，則上帝亦無數。但彼處上帝雖多，不能管我等世界之事，就像此世界帝王不能管彼等世界之事，同一理也。若彼世界上帝有權統治此世界人類，善人就應該使其長壽享樂，惡人就應該使其短命受罪，或者只生善人不生惡人，只許有治世不許有亂世，目不覩流離之慘，耳不聞嗟歎之聲，則吾人對於上帝，其感恩戴德爲何如耶？惜終爲幻想而已。」

或謂：「世間各種災禍乃上帝降罰於人，因爲人類作孽太過，不能不有以懲之。」

「此說似是而實非。即如水旱、火燒、瘟疫、蝗蟲等災，多半是人力未曾盡到，不可完全諉卸責任於杳茫之中。至於世界戰爭，尤其與上帝無涉。飛機、炸彈、大炮、機鎗、坦克車、潛水艇，各種利器，發明者是人，製造者是人，使用者亦是人，上帝何嘗與聞其事？若謂上帝於中作主，上帝未免太不仁矣。」

或又謂：「戰爭乃上帝假手於人以除暴安良者。」

「然各國民眾，直接或間接因戰爭而犧牲者，爲數何止億萬？死者未必盡屬暴民，生者未必都是良民。各國慈善博愛之宗教信徒以及莊嚴偉大之禮拜教堂，被飛機、炸彈所傷害、所毀滅者，不計其數。上帝有靈，何不用神力加以保護？況且挑撥戰爭之陰謀家，及志在侵略之野心家，儘量的犧牲他人，而不肯犧牲自己，上帝對於此輩罪魁禍首，偏要大度包容，不加懲罰，是何理由？」

或又謂：「戰爭是人類的劫數，雖上帝亦無可奈何。」

余曰：「人家父兄之於子弟，有難則拯救之，有過則制裁之，爲其責任所在也。人類崇拜上帝，甚於自己之父兄，今日馴良者遭難，上帝不垂憐拯救，暴虐者肆毒，上帝不迅速制裁，反謂劫數無可挽回。若非放棄責任，便是無此能力。」

或又謂：「吾輩觀察事理，不可只論目前，須看將來結局。」

余曰：「結局我早已算定。世界大戰將來總有休息之時，罪魁禍首將來總有死亡之日，宇宙間循環定律本是如此，豈上帝威權所使然耶？」

頂批　此章所論，雖十分徹底，但對現在的人類社會未必有益，故此章暫時不擬發表。若付印刷所時，可將此章取消。這次與某君言之，某君主張仍舊要發表，故此後擬再徵求多人之意見，以決定此章之去留。

第二十九章 宇宙萬物，同一生命。

無終始、無內外、無大小限量的空間，包含兩種反對的慣性：一種是靜的，消極的，如「以太」；一種是動的，積極的，如「電子」。以太即虛無之本體，電子乃萬有之根源，動靜相推，有無相入，於是乎天地人物由此而生成。以太可認爲無極，電子可認爲太極。無極是囫圇的，不分陰陽，故以太亦是整個的而不可分析；太極中有陰陽之流行，故電子亦是陰電子環繞陽電核而旋轉。以太及電子是宇宙萬物共同之生命，亦即是吾人自己所保有之生命，故每一個人之生命，比較宇宙全體之生命，其性質實無差別。學者於此果能認識真切，則古今來千千萬萬哲學書籍之玄談，及宗教經典之神話，皆可作廢，吾人惟求擴充自己生命之量而已。

附註一 以太 「以太」二字是譯音，乃物理學上的名詞，若要譯義，可稱爲「能媒」，亦可稱爲「介質」。以太遍滿一切處，大至杳無邊際之虛空，小至顯微鏡所不能見之微塵中，皆有以太存在。由各種方法證明，知光熱電力等作用，皆藉以太所傳播。故科學家不能不承認其爲實有。但因其密度，比較第一位輕氣元素，猶稀薄至於無限，故科學家又不能說它是一種物質，只可稱爲非物質的媒介品。如日月星光，能由高空射到吾人之眼簾者，即因有以太所傳播之光波；如無線電話，能由遠方送到吾人之耳鼓者，即因有以太所傳播之電波。宇宙間無所謂絕對的真空，除物質佔據之地位而外，都被精神填滿了空隙。以太既有如此偉大作用，而其本身又非物質，簡直可稱爲宇宙萬物的精神。

附註二　電子　太陽、星球、地球、人類並萬物，皆是各種元素所構造，而各種元素又是陰陽電子所組成，故電子乃萬有之根源。據近代化學上所已知之元素，有九十幾種分別。既同爲電子所組成，何故又有各種不同的性質？則因各元素中所含電子數量有多有少之故。例如輕氣元素，所含電子甚少，故最輕；汞、鉛元素，所含電子甚多，故最重。每一種元素，用物理方法，分至無可再分，則名爲「分子」；分子再用化學方法分解之，則名爲「原子」。每一原子，皆有核心，核心又不是整個的，乃非陰非陽的中性粒子與陽電子及陰電子等合組而成，但偏於陽性，科學書上稱爲「內輪電子」；核心之外，常有或多或少之陰電子環繞而旋轉，如九大行星之繞太陽，科學書上稱爲「外輪電子」。

第三十章 知識分子需要徹底的人生觀。

某君又曰：「宇宙觀既如前說，尚有人生觀，更爲重要，敢請再發妙論，以破羣迷。」

余曰：「宇宙乃大眾所共見，凡是思想超越，不受宗教束縛者，其宇宙觀往往相同。人生乃個人所獨嘗，我以爲苦，他人或以爲樂；我以爲樂，他人又或以爲苦。苦樂之感覺，既如此差別，推之於利害、善惡、功過、恩仇，其漫無標準，亦復如此。甚至同樣事件，因自己年齡、境遇、思想有轉變時，一人前後之意見，竟或極端相反。故最徹底之人生觀，止許自己心中明白，不能輕易爲人言之。但值今日非常時局，知識分子，天良未泯者，都陷於進退維谷，歧路徬徨，不知人生該如何處置方好，而且年齡多半在四十以外，於社會亦有相當之閱歷，凡是新時代的產物，彼等皆不感興趣，又因理解明白，不屑步愚夫愚婦之後塵，向迷信中去求安慰，只有終日惶惑苦悶，作無可奈何之掙扎，實堪憐憫。此種人若得聞余之學說，必能獲益匪淺。余所謂最徹底之人生觀，雖不能全部公開，今爲供給此輩知識分子精神生活上之需要，特提出數點，依次說明，仙學同志諸君亦可參考。」

第三十一章　樂觀悲觀，皆不合理；成己成人，惟在達觀。

立國於現代，有兩種必要之條件：（一）國民科學知識普及；（二）國家鋼鐵工業發達。否則，難以圖存。中華民國偏缺少這兩種條件，徒誇地大物博，而無捍衛之能力，適足爲列強攘奪之目標。已往如是，將來亦然。故樂觀論之理由，殊不充分。悲觀者，則謂毫無救藥，束手待斃，又嫌過於頹喪。須知，當此世界戰爭，列强自顧不暇之時，正是衰弱民族脫縛翻身之絕好機會。居領導地位者，倘能善於運用，實大有可爲。故悲觀論之影響，未免灰志士之心，短英雄之氣，亦無足取。余今日所賴以成己成人者，惟達觀而已。達者，透徹之意。達觀者，乃對於世事徹底看透，非謂國計民生不關痛癢，一切放任，聽其自然也。蓋以當前困厄，來日艱難，一味的樂觀，似乎近於迷信；然而禍兮福倚，事在人爲，一味的悲觀，又嫌自暴自棄。故樂觀與悲觀皆不合今日處世之道，此際惟達觀能矯其弊耳。試將余之達觀論叙列如後。

第三十二章 人類的歷史是在戰爭中求生存。

戰爭是人類所不能避免的，古代、現代皆是如此，未來世界仍復如此。畏懼戰爭，或詈斥戰爭，絲毫無濟於事。而祈禱和平，尤非智者之所爲。戰爭完全是人事，求神何益？大戰以後，人口死亡眾多，兩方精疲力盡，自然有短時期的和平。若說從此可望永久和平，便是夢話。

或問：「科學落伍之國家，漸漸被科學進步之國家所征服，弱小民族漸漸被强大民族所吞併，如此遂能永久和平乎？」

曰：「未也。强國與强國間，因利害衝突之故，大戰復起，原有六七强國者，漸變爲四五强國。再後，全世界止剩二三强國。再後，此二三强國內部自動分裂，混亂局面又開始矣。人類的歷史，本是在戰爭中求生存，所謂和平者，乃前期戰爭與後期戰爭之間暫時休息的狀態。爲政府者皆要嘗膽臥薪，爲人民者都如臨深履薄，方能應付將來的萬變。孔子周易繫辭傳云：『君子安而不忘危，存而不忘亡，治而不忘亂，是以身安而國家可保也。』」

第三十三章 地球變爲神仙世界，戰爭自然不起。

戰爭之事，人己兩傷，彼此俱毀，其方式至爲愚笨。是否除了戰爭，別無他法以達到生存之目的？何故人類必須用此種最愚笨之方式以求生存？學者每不得其解。

余謂：「若要研究人與人、國與國之間爲什麼要戰爭，當先研究自己與自己爲什麼要戰爭。」

或問：「自己一人，如何能戰？」余曰：「每一人處世接物，自己心中理智常與情感交戰，有時理智戰勝情感，有時情感戰勝理智，理智勝則公正和平，情感勝則偏私憤激。設若理智、情感勢均力敵，各不相下，則進退失據，煩惱憂煎，莫可名狀，甚至因此而患精神病或自殺者。試思一人心中，尚且如此矛盾、衝突，無法妥協，何況二十萬萬人口之世界，豈能永久相安？此戰爭所由起也。個人患精神病則發狂，國家患精神病則好戰，皆是人類劣根性之所表現。數百年後，全球統一，國家民族觀念消釋，生育限制，人種改良，惡性人少，善根人多，物資分配平均，供給需求適合，大同思想普及，自然廢除戰爭。東西兩半球某某部分已逐漸進化，類似神仙世界，人生幸福，較今日當有霄壤之殊。彼時之人，倘閱讀歷史上屢次世界戰爭紀錄，必慨歎今日的人類愚笨得可憐。但現在國際間許多矛盾，確非戰爭不能解決。矛盾之極者，雖一二次戰爭，仍不能解決，尚有三、四、五次隨其後耳。惟人類生活之方式，經過一次大戰，必有一次進步，直待全地球皆變爲神仙世界而後已。今姑留此預言，以俟將來證驗。」

附註　大同思想　禮記禮運篇孔子之言曰：「大道之行也，天下爲公，選賢與能，講信修睦，故人不獨親其親，不獨子其子……貨惡其棄於地也，不必藏於己；力惡其不出於身也，不必爲己。是故謀閉而不興，盜竊亂賊而不作，外户而不閉，是謂大同。」

第三十四章 中年已過之人，達觀更爲必要。

人生七十古來稀，二千四百年前的孔老夫子住世年齡，亦不過七十三歲，所以普通人七十歲壽終者，即非短命。況且每個人是否能活到七十歲，誰亦不敢自信意外的危險太多，不能單就正常的壽命估計。五十前後年齡，已如太陽偏西，落山最速。余所謂達觀者，處順境不必喜，老、病、死漸次臨頭矣。處逆境不必憂，天大事一死便了矣。他人富貴驕奢不必羨，彼等就要同歸於盡，轉眼皆空矣。自己貧賤饑寒不必悲，人生原爲受罪而來，限期快滿矣。威嚇我者不必懼，早遲皆是死，今日他日何分乎？利誘我者不必動，晚景已無多，降志辱身奚取耶？忍辱負重顧全大局者又當別論。國家民族不必失望，盡心而已。妻財子祿不必認真，大夢而已。知識分子無論在位在野，皆能作如是觀者，其精神上之痛苦，當可減輕不少，然後得便再研究神仙學術，做性命工夫，則古今來所最難解決的靈魂問題，將有着落矣。此亦是慧根深厚上智天才所應負之責任，否則，人人醉生夢死，生不知何處來，死不知何處去，更不知我爲何物。强者捨命狠鬬，弱者被人魚肉，結果强者、弱者都化爲劫灰，而世界依然世界，後來的人類又復一批一批搬演前人之慘劇，相續不斷。宗教家雖懷救世之願，惜彼等所謂神權者，其能力薄弱，不足與科學相抵抗，結果是徒喚奈何。吾輩若真要救世，端在提倡仙學，實修實證，只須有二三人成功，即可教化全世界人類去惡向善，並可警戒各國當局，使之廢棄機械化的戰爭，免致人類受科學之毒害。果能如此辦法，其功效當比宗教家的神權勝過百倍。

第三十五章　道德、倫常、禮教、風俗、信仰、迷信六種性質不同。

吾國社會對於道德、倫常、禮教、風俗、宗教信仰、虛妄迷信六種性質，辨別不清，往往混爲一談，今特逐條分析，說明如後。

一，道德。此處專指做人的道德而言，與老莊之道德觀念不同。儒家所謂孝悌忠信仁義廉耻，道家所謂慈儉退讓，清靜樸素，少私寡欲，知足去奢，佛教所謂不殺、不盜、不淫、不妄、布施、忍辱，耶教所謂平等、博愛、純潔、至誠，這些都是做人的道德，不分種族國界，不論時代古今，皆可以適用。

或疑將來大同主義實現「不獨親其親，不獨子其子」時，「孝」字恐不適用。余謂，人類都是有感情的，究與木石不同，到了那時，狹義的孝自然變成廣義的孝，雖孝之形式不立，而孝之精神仍在。即如今日君臣名義雖廢，而「忠」字不廢，僅將「盡忠於君」之說改爲「效忠於國」而已。將來國界再化除，「忠」字仍舊存在，僅將「效忠於國」改爲「效忠於人類」而已。

二，倫常。即孟子所謂「父子有親，君臣有義，夫婦有別，長幼有序，朋友有信，乃人倫之常道」。民國成立，君臣一倫雖廢，其餘四倫尚未可廢。

三，禮教。如婚禮、喪禮、祭祀儀式、主賓酬酢、尊卑名分等皆是。十三經中有所謂「三禮」者，即周禮、儀禮、禮記三書，乃吾國古代傳統的禮教。儒家所自負的典章文物，修齊治平大手段，悉在乎此。然自秦漢以後，久已廢棄不用。今之禮教，已非古之禮教。可見禮教隨時代爲轉移，非一成不變者。左傳云：「夫禮，天之經也，地之義也，民之行也。」老子云：「上禮爲之而莫之應，則攘臂而扔之。夫禮者，忠信之薄，而亂之首。」禮本是人製造出來的，偏要說是天經地義，幸得老子嚴格的批評，稍抑儒者浮誇之氣。二說對觀，頗覺可笑。

四，風俗。禮教是一個朝代的制度，正式規定於載籍之中，班班可考。風俗則無規定之明文，但以歷時久遠，在多數人心理上認爲合宜而且必要，遂致拘束每個人之行爲，其潛勢力竟有勝過禮教者。譬如女子纏足、孀婦守節、端午粽子、中秋月餅、陰曆歲首吃年糕、正月初五接財神之類，皆可謂風俗，不可謂禮教。今日政府，既有明文規定，改用陽曆，而人民偏喜用陰曆，在政府機關任職者，雖遵章過陽曆年，但彼等回到家中，未必不在背後過陰曆年，何況普通人民。此即風俗勢力勝過禮教之鐵證。若問陰曆年好處何在，却又說不出，這也是一件可笑的事。

五，宗教信仰。宗者，有一定光明正大的宗旨； 教者，本此宗旨以教世人； 信者，自己心中承認此種教義是毫無差錯，並且是人己兩利的； 仰者，包含敬畏、愛慕、崇拜及遵守奉行之意。凡是某一教的真實信徒，除信仰本教而外，決不再信仰他教。若同時信仰二教或二教以上者，便不合宗教信仰之原則。各教所講做人的道理，皆是好的，然其教規頗多彼此衝突之處，無法可以調和。雖說各教都好，但不能各教俱信。

六，虛妄迷信。既不明白某一宗教優點所在，又不奉行某一宗教做人的道德，更不遵守其誡條，徒知仿照外表儀式，裝模作樣，乞憐於天空或偶像之神，求其於生者降福消災，於死者離苦得樂，無論所求之事爲自己、爲他人或爲羣眾，無論是自己親求或出錢請人代求，無論求的方法手續煩簡如何，一概叫做迷信。雖其中有真迷信、假迷信、習慣迷信、利用迷信、職業迷信各種分別，總歸虛妄而已。

第三十六章　迷信程度與知識程度是反比例。

人類知識的程度增加一分，則迷信的程度減少一分；知識完全發達，則迷信完全破除。因迷信程度與知識程度是反比例也。考迷信之起源，不外乎兩種心理：一，畏懼；二，希望。未開化的民族，拜大樹、大石，拜龍蛇、鱷魚，拜狐精、妖魔鬼怪及凶惡奇醜之偶像畫像，此即由於畏懼之心理所驅使，蓋恐彼物爲禍於人，而媚之以息其怒也。半開化的民族，知識稍有進步，則拜天地日月、雷電水火、山川湖海、城隍社稷諸神及慈眉善眼、容貌端正之偶像畫像，此即由於希望之心理所驅使，蓋求諸神降福消災，並信其有無上威權，足以制伏邪魔惡煞也。再進一步，則止信仰最高之一神，而不信仰多神，猶如一國之國民只須崇拜一國之元首，而元首以下諸官吏，則不必人人而趨奉之，此說比較可以通融。至於持極端論者，則謂宇宙間僅有絕對的一神，不承認此外尚有他神之存在，若拜偶像，便犯誡規，此說與多神教勢不兩立，毫無通融之餘地矣。由此再進一步，則信仰自然的真理，而不信虛妄的神權，到此時期，凡以神道設教者，都在淘汰之列，而世界大思想家、大科學家，反有受人崇拜之可能，非認爲彼等死後成神而求其降福消災，僅追念往哲偉大之人格，足爲後世傚法而已。譬如中國祭祀孔子並古聖先賢，即是此種心理，較彼等崇拜偶像者，心理絕不相同。拜偶像，有所求也；拜孔子，無所求也。

第三十七章 果報之權，在人不在神。

因果報應，未嘗沒有，然其權在人而不在神。譬如敬愛人者人亦敬愛之，侮辱人者人亦侮辱之；利濟人者人亦利濟之，傷害人者人亦傷害之。我以忠誠待人，人即以信任待我；我以欺詐待人，人即以猜忌待我。長官貪污，屬員必不能廉潔；父親作惡，子孫如何得賢良。此皆因果報應之顯而易見者。書經大禹謨曰：「惠迪吉，從逆凶，惟影響。」「惠迪」二字，作順道解，謂凡百事順乎道則吉，若逆之則凶也。又易經坤卦文言曰：「積善之家，必有餘慶；積不善之家，必有餘殃。臣弒其君，子弒其父，非一朝一夕之故，其所由來者漸矣。」此亦是因果報應之說。蓋世間自然真理本是如此，非有上帝、天官、星君、斗母、閻王、東嶽、城隍、判吏等類暗中作主。若將禍福果報之執行權寄託於神，反致真理變成虛妄，遇到破除迷信者，遂並真理而推翻之，皆神權之流弊也。

第三十八章　靈魂之研究。

以肉體爲我而觀人生，則人生毫無價值；　以靈魂爲我而觀人生，則人生尚有希望。故修鍊家重視靈魂，尤甚於肉體。　然靈魂問題既非今日科學所能解決，而許多宗教書籍，雖議論紛紛，皆是空談，而無實證。　吾人既欲從事於仙學，當其入門之初步，就要認識靈魂，否則便是盲修瞎鍊。　但靈魂是無形之物，如何可以認識？　必有賴於種種推測之方法。　姑將平日與諸道友問答各條，記錄於此，以爲研究之資料。

一問：「如何能知肉體以外尚有靈魂？」

答曰：「肉體構造，頗似機械，試以汽車作比：　人的四肢如四個車輪；　人的兩眼如兩盞車燈；　人的口舌如放響聲之喇叭；　鼻孔如進空氣之風門；　心臟一伸一縮如汽缸活塞；　肺葉一漲一收如車頭風扇；　腦髓如蓄電池；　神經如電線；　胃部如汽油箱；　膀胱如水箱；　肛門如車後出廢氣管；　人的飲食如汽車加水添油；　肉體中大小骨頭所以支持人身，汽車中長短鋼架所以支持車身；　人們需要皮膚保護外部，汽車亦要鐵皮保護外部；　人們需要脂肪潤澤內部，汽車亦要機油滑潤內部。　人與汽車，可謂完全相同。但是汽車中若無司機之人駕駛，則動止、快慢、進退、轉彎皆無主宰，雖有新車，等於廢物。因此，可知人的肉體若無靈魂於中作主，則有眼耳不能視聽，有手足不能運行，雖是活人，等於已死。所以肉體譬如汽車，而靈魂則譬如汽車中之司機，必不可少。」

二問：「人的靈魂藏在身內何處？」

答曰：「靈魂總機關在腦中，而分布於各神經係。試觀病人受蒙藥之時，呼吸依然，脈搏如舊，可知人實未死，何以毫無痛苦之感覺？則因蒙藥之力由鼻入腦，靈魂總機關發生障礙，譬人家電燈總火門關斷，則全部電燈不亮，同一理也。若在局部神經上注射麻藥，則該局部神經暫時受藥力所阻，失其傳送感覺之效能，凡受此一系神經所支配之部分，則不知痛苦，而其他各神經系統之感覺則如常，譬如人家電燈總門並未關斷，只有一處分支電線關斷，電流不通，少數電燈因此不亮，而多數電燈則仍放光明也。」

三問：「鬚髮毫毛、指甲僵皮等類，亦是人身之一部，何以經過刀剪不知痛苦？」

答曰：「因此種部分，皆神經所不到，無神經則無感覺，無感覺則無痛苦。普通所謂靈魂，大概指感覺而言，無感覺的部份，亦可謂無靈魂。足見靈魂與神經實有密切關係，神經所不到之處，靈魂亦不到也。」

四問：「手足殘缺、眼瞎耳聾之輩，何故仍有知覺？」

答曰：「頭腦是靈魂總機關，尚未破壞，故知覺仍在。」

五問：「熟睡之人，頭腦未嘗不在，何故沒有知覺？」

答曰：「腦筋因疲勞之故，需要休息，暫時停止活動，所以沒有知覺。譬如一國元首，公務疲勞，暫時不理政事。」

六問：「剛死之人，腦筋尚未破壞，何故沒有知覺？」

答曰：「此時肉體生活機能已全部停止，腦筋不能單獨活動，靈魂當然失其作用，所以沒有知覺。人的腦髓譬如靈魂所寄居之房舍，房舍暫時雖未破壞，但已發生嚴重障礙，不能像平時一樣的住人，以前住在本屋之人，自然要遷移到別處去。人去之後，房舍空空，雖電話機裝設完備，外面打電話進來，儘管鈴聲振響千百次，得不到一次回音。」

七問：「腦筋尚未破壞，靈魂何故先要離開？」

答曰：「靈魂是性，肉體是命，性命合一，相輔爲用，方是有生氣的活人。若命根已斷，肉體不能維持原狀，心不跳動，鼻不呼吸，到此地步，靈魂勢難獨存於身中，自然要離開矣。」

八問：「靈魂離開肉體之後到何處去？」

答曰：「人死以後，靈魂分散於虛空之間，混合在宇宙大靈魂之內，俟有機緣，再附着於新生之人體、物體而起作用。」

九問：「靈魂離開肉體，是否尚保存眼耳鼻口、五臟六腑、四肢百節，如人的形像？」

答曰：「人死以後，肉體即開始腐爛，漸漸化爲烏有，僅殘留幾莖枯骨。年代久遠，枯骨亦復銷滅。肉體死後且不能保存原來的形像，何況靈魂是本無形像者，偶然附着於人的肉體暫成爲人，若附着於其他動物之體即成爲別一動物。譬如水裝在方器中則成爲方形，裝在圓器中則成爲圓形，裝在酒杯中則是酒杯形，裝在茶壺中則是茶壺形，在鍋中是鍋形，在桶中是桶形。若將各種器具中所裝之水倒入海洋，試問尚有杯、壺、鍋、桶、方、圓、大、小之形狀否？尚能分別某一滴是杯中水、某一滴是壺中水否？靈魂離開肉體，分散於虛空，亦似水歸於海而已。若謂尚能保存原來人體之形狀，在理論上恐怕說不過去。」

十問：「鬼與靈魂是一是二？」

答曰：「世俗所謂鬼者，以爲仍舊是人的形像；余所謂靈魂者，不是人的形像，當然非鬼可比。」

第三十九章　鬼之有無。

人死以後，究竟有鬼無鬼？欲解決這個問題，先要明白鬼是何種物質所成。活人身上物質，有固體者，如筋骨、皮肉、臟腑、指甲、毛髮等；有液體者，如精、血、涕、淚、汗、津、便、尿等；有氣體者，如身中運行之氣、皮外洩漏之氣、鼻孔呼吸之氣皆是各人氣味不同，狗的嗅覺靈敏，最能辨別之。既名爲鬼，當然没有固體與液體之存在，果有此二體者，應爲人矣。鬼或者可以說是三體之中僅有氣體。然氣之在人身者，非肉眼所能見，而談鬼者則云鬼有形像可見，是鬼之氣體比較人之氣體爲濃厚。人之氣譬如空氣，鬼之氣譬如煙霧，空氣不可見，而煙霧則可見也。然煙霧、空氣皆不能透過牆壁，據云鬼之隱顯行動不爲牆壁所阻礙，是鬼體非但不比空氣濃厚，而質點之微細，尤勝過空氣千百倍，否則如何能穿牆透壁而無阻礙耶？吾人肉眼尚不能見空氣，反謂其能見比空氣更微細之鬼體，此何說耶？人死以後，身中固體、液體逐漸分散變化，終歸銷滅，獨此容易分散之氣體，偏能保持長久，不與固體、液體同時分散，何耶？見鬼者又云鬼亦有衣服，與人無異，則更難索解。人的衣服乃絲綢、棉布之類，經過裁縫之手製造而成，鬼的衣服從何而來？是何物所製造？鬼現形則衣服亦同時現形，鬼隱藏則衣服亦同時隱藏，試問鬼之身體與鬼之衣服是一物耶？二物耶？是何種物質所構成耶？如曰鬼非物質，則何故能有形像爲人所見？如曰鬼是物質，則何故大眾皆不能見？今日遍世界充滿着人與動物，實難覓到一鬼，無法可以證明其有，止能用思想推測，而理解又矛盾若此，到不如直截主張無鬼，省却許多葛藤。

若謂人死有鬼，則牛馬猪羊、雞鴨魚鱉以及一切飛禽走獸，死後皆應當有鬼，如其生時之形狀。古今來各種動物被人所屠殺者，骨積可以成山，血流可以成河，向不聞動物有鬼之說，獨謂人有鬼，何其偏耶？

第四十章 某君之無鬼論。

道友某君，素日亦不信有鬼，其言曰：「人之將死，對於平生所親愛者，每有依戀之情，情愈深則戀愈重。此時本人心中極不願死，而又不能不死，其死也，出於無可奈何，未必就能學太上忘情，恝然捨之而去。若說死後尚有鬼在，何不顯其形像，一來安慰其生前所親愛之人？但實際上，無論活者如何悲傷痛苦，死者竟置若罔聞。生而爲人則情感纏綿，死而爲鬼則心如木石，有此理乎？若說幽明路隔，鬼在陰間，不能和陽間之人通消息，故雖有鬼而不能見。試問，既不能見，何以知其有鬼耶？或又謂，鬼雖不常見，亦偶爾一見。然世上每天死人無數，鬼亦無數，謂鬼能見，則無數之鬼皆能見，謂不能見，則所有之鬼皆不能見，何故又能偶爾一見耶？鬼非稀少之物，其數量之多，與死人數量相等，應該時時可見，人人可見，僅偶爾一見，何足爲憑？安知不是自己腦昏眼花而現幻影？簡直可以說，一死便了，無所謂鬼。」

第四十一章

道書常云：「純陽則仙，純陰則鬼，半陽半陰爲人，故人居可仙可鬼之間。」果如其說，是仙與鬼相對待，有仙則有鬼矣，無鬼亦無仙矣。余今提倡仙學，而不承認有鬼，將何以自圓其說乎？諸君勿疑，請觀後辯。

第一辯 仙與鬼非對待也。若真是相對，則仙鬼多少之數必相等。世上每一人死，必有一鬼，其數多至不可計算，請問千萬人中有一人成仙否？鬼如此之多，仙如此之少，安能相對耶？

第二辯 純陽則仙，純陰則鬼，二說不能並立也。今先研究純陽純陰作何解釋。說者謂是指身中之氣而言。道書常云「凡人身中一分陰氣不盡則不仙」，故仙爲純陽；「一分陽氣不盡則不死」，故鬼爲純陰。然所謂陰氣陽氣者，亦使人莫名其妙。若謂陽氣等於陽電，陰氣等於陰電，吾輩素知陰陽二電有互相吸引之慣性，則純陽之仙與純陰之鬼應大講其戀愛矣。況且仙家修鍊工夫，最忌孤陰寡陽，試問純陰純陽與孤陰寡陽有何分別？或謂身中熱氣爲陽，冷氣爲陰，熱到極處則名純陽，冷到極處則名純陰。所以結內丹者，身中温度甚高，其熱如火，此即「純陽則仙」也；已死之人，身中温度極低，其冷如冰，此即「純陰則鬼」也。余謂，此說解釋「純陽則仙」似乎有理，但不可說「純陰則鬼」，只可說「純陰則死」耳。死後未必定有鬼也。再者，鍊外丹亦貴純陽無陰，若夾雜少許陰氣在内，則不能通靈，不能轉接，更不能點化。外丹所謂陽，即是輕清；所謂陰，即是重濁。以輕清之義解釋純陽爲仙，未嘗不可；以重濁之義解釋純陰爲鬼，則於理欠通。鬼無質體，如何安得上「重濁」二字？惟有死屍真是重濁，只可說「純陰爲屍」耳。

第三辯 道書言「半陽半陰爲人」，故人可以爲仙，亦可以爲鬼。但據歷來傳說，人死皆變爲鬼，而成仙者絕無，是凡人生前身中所含一半陰氣已有着落矣，試問身中一半陽氣歸於何處？若謂陽氣散於太空，然則陰氣爲何不散？或曰陽氣虛浮，故易散；陰氣凝結，故不散。果真如此者，自古至今，日積月累，鬼滿全球，純陰無陽，成何世界？

第四辯 世人皆知所謂仙者，非苦修苦鍊不成，甚至於雖苦修苦鍊亦未必成；而所謂鬼者，皆自然而成，毋須費力修鍊。由半陽之人而進爲純陽之仙，何其難？由半陰之人而進爲純陰之鬼，何其易？豈得謂事理之平？仙爲恒情所喜慕，鬼爲恒情所厭惡，仙與鬼皆非人所能見。仙之成否，雖不可必，但吾人在生時可依法修鍊，以試驗其成否。能成固好，不能成亦有得而無失，壽命總可以延長若干年。至於鬼，則無法試驗。若要試驗，須拼一死。死而有鬼，境况悽慘，已不如人。死而無鬼，今生休矣，誰來賠償？仙既爲吾人所喜，又可於生前實地試驗；鬼爲吾人所惡，且必須自己死後方知：此余所以提倡仙學而不屑於談鬼之理由也。

第四十二章　精神物質，不可偏重。

物質與精神，互相團結，方成爲有生命之人。科學家專講物質，而不認識精神者，固非；修養家偏重精神，而遂賤視物質者，亦非。故服食方法，乃借外界物質以補充吾身之物質；清靜工夫，則用自己精神以招攝虛空之精神。如此雙方並進，庶無遺憾。否則，徒恃服食藥草，並終歲山居之效力，若蜀省長壽翁李青雲者，雖享有二百五十餘歲之壽命，但其人生時，比較普通村野之民，未見有何特異處，死後更無影響民國十餘年間，余曾見李君照像片，乃託四川道友就近探訪其事實，據某道友來函云云，上海城隍廟市街亦有李君放大照像陳列，其人壽齡極長，已爲大眾所公認，惟是否真滿足二百五十歲，則無法考證；又如徒恃靜坐孤修，六年閉關之效力，若皖省教育界葛曼生者清光緒年間，葛君任安徽省城內尚志小學校長，先兄爲該校算學教員，余常往彼校中，因得見葛君，其時彼尚未學道，雖能預知未來之吉凶禍福，並自己死期，但惜壽齡不過六十餘歲，竟無延年之術，俾能在世間多作救濟之事業，以完成其素志，不免抱憾而終。此皆近代實人實事，與小說寓言不同，我輩正好借鏡。蓋李翁之短處，在性功欠缺，雖能長生，而無智慧；葛君之短處，在命功錯用，雖有神通，而軀殼難留。假使我輩能合李、葛二君之特長，而去其所短，則盡善矣。

陳攖寧手寫本，著作時間不詳，約在一九四三年至一九四五年

陳攖寧 著

仙學必成

誡條

後列九條，宜寫在封面，今姑且錄於本篇首頁中。

一，此書只許本系統內諸友鈔錄，不可讓外人鈔錄。

二，非本系諸友，若工夫已有程度。立志上進者，可先看余已經出版各書及揚善雜誌、仙道月報等。俟其對於余之學說有相當之認識，遇有機會，或可將此書給他一觀。但只能來家中閱覽，不可借出門，更不可鈔錄。

三，若其人確屬至誠君子，閱此書後，必欲再求深造者，須正式歸入本系統之內，方許爲他詳細說明。否則，不負解釋之責。

四，關於實行工夫，先天、後天各種作用，余遵守師誡，未曾詳細寫出。況且此等作用，亦非筆墨所能形容。望諸友嚴守秘密，勿忘當日各人自己之誓辭。

五，若其人自尊自滿，不屑謙下，不肯虛心，只想得便宜，此種人即非載道之器，雖十分好道，亦不可給他看。

六，若其人有江湖習氣，與我輩氣味不投，雖表示謙虛之態，亦不可給他看，更不可讓此種人混入本系統之内，庶免敗壞名譽。

七，此書慎防無意中被他人竊取或竊鈔而去，改頭換面，出版賣錢，並防落到江湖傳道的手中，加添枝葉，當生意做。余往日已有經驗，此後望諸君勿再蹈覆轍。

八，此書鈔本，不可從郵局寄遞，防他人拆閱竊鈔。

九，此書附錄中去病延齡方便法，本系諸友若自願鈔錄幾份，贈送至親好友者，聽便。但仙學必成本文要語不可抄贈。

十，每一鈔本必須將前列各誡條寫在封面。**頂批** 第一次亞園鈔本，是將誡條寫於封面，後來各鈔本皆改錄於篇首。

余往年認爲，大道貴在公開，不懂古人嚴守秘密是何用意，後來閱世既深，遂知此道實有秘密之必要。即如佛教，總算是公開普度，尚且有密宗，而孔教中亦有「性與天道不可得聞」之歎，不僅仙道爲然。設若完全公開，則此道失其尊崇之價值，人將視爲無足重輕，言者諄諄，聽者藐藐。公開之意本欲普度，結果適得其反。

此道雖與宗教、哲學、科學皆有關係，然而非單純勸善的宗教，非空談理論的哲學，非偏向物質的科學，研究起來簡直是一種超人的學術，實行起來可稱爲人類中最高尚的事業。既稱爲事業，當然非一人之力所能包辦，所以要有團體組織。若要成就一個集團，必須先能自成一派。要獨立自成一派，必須本派中具有特長與優點，而非其他各道門所能知、所能言者，然後本派方有獨立之資格。若完全公開，則他人之秘密我不能知，我等之特長與優點他人都已明了，本派失其憑藉，即不能成立，而諸君修鍊之目的，亦難以達到。因此，要守秘密。

諸君或疑古人修仙並無集團之說。須知古人有幾種辦法，今人皆不能做傚：一，投入僧道門中，借彼宗教原有團體作安身之所；二，雖不出家，而能在山林中做隱士，有田地可够生活，不問國家社會之事，過他的清閒歲月；三，有大富貴人作護法，一切不須自己勞心勞力去營謀。這三種辦法，在今日之下皆難做到，不得而已，纔有團體之計劃耳。**頂批** 目下余對於集團之事，無意進行，姑存此說，以遺後來同志。

前篇語

仙學乃超人之學，非一般人所能奉行，余往日註解幾種道書，乃專爲少數同志而作，原無普遍流傳之意，與宗教家傳教的性質絕不相同，本篇亦然。

浮生若夢，聚散無常，未知何日方能再見。因特寫此篇留贈，聊以筆墨代口授耳。此篇約計萬餘言，雖爲余四十載研究之結晶，但限於篇幅，未能將半生所學儘量宣布。惟其中論述各節，皆余平日所不欲輕易對人言者，在以前諸家道書上亦無此說。今以入山在即，恐世間無人明白仙學之真相，致爲江湖術士所欺，故留此篇在世，接引有緣，得者宜慎密之。

肉體凡夫，要修成氣體神仙，談何容易。若不用此篇所傳授之方法，余敢斷言，毫無希望。即用此法，亦須拋棄一切，下二十年苦功，方得成就。尋常人士，未必有這樣決心，縱有決心，未必有這樣機會。歷年以來，從余學道諸君，其目的多在去病延齡，此只用仙學全部工夫十分之一爲已足，不必小題大做，但亦要合於本書附錄中所擬定之條件，並遵守其誡規，然後有效，切須注意。

本書之外，尚有仙話稿本待刊。其他早已出版者，如黃庭經講義、孫不二女丹詩註，揚善半月刊及仙道月報中拙著，皆可參考。經余手校訂前人仙道書籍，有道竅談、三車秘旨、琴火重光、道學小叢書、女子道學小叢書等。惟學問之事，與年俱進，雖同是一人手筆，後出者總比先出者爲優，所以本篇理論最徹底，口訣最完備。

本篇脫稿，對於仙學上義務已盡，不欲再費腦筋從事著述，急須覓地實行下功，將來與諸同志信札往還，自未能免。仙話零稿或須續輯，至於理法兼賅之長篇作品，將以此爲最後結束矣。**頂批**　「筋」宜改「力」字爲妥。

天下事皆有因緣，余在滬時，迄無作書之意，到南京後獨居靜室，涼月滿窗，景物依然，心情迥別。爐香杯茗，偏惹愁腸；花影竹風，倍添哀慕。惜良宵之不偶，感人命之無常，痛仙侶之折雙**頂批**　余妻死於三十四年陰曆正月下旬，喪失一最密切、最忠實之同志，念師恩之未報，方始沉思遐想，落筆遺懷。兩覩月圓，乃完斯稿始於陰曆三月十三日，成於陰曆四月十五日。從此人間仙學，遂有軌轍可循，未嘗非環境有以促我。閱此書者，尚其諒之。

仙學必成

宇宙間爲什麼要生人生物，這個問題最難解答，留到後來再研究。我們現在所急須知道的，就是用如何方法可以免除老病死之苦。

生與死，是相對的。既有生，自然有死。若要不死，先須不生。所以佛家專講無生，果真能做到無生地步，自然無死。莊子大宗師篇「殺生者不死」，亦是此意。但所謂無生不死，乃心性一方面事，肉體之衰老病死，仍舊難免，痛苦依然存在。

因爲有以上的缺點，仙家修鍊工夫，遂注重肉體長生，欲與老病死相抵抗。雖然方法甚多，但不是每一個方法都能達到目的。法之不善者，非徒無益，而且有損。道書雖不可不看，却不可盡信。有些道書是冒名僞託的，根本就無價值**頂批** 僞託書中亦有好材料，要自己善於識別；有些道書的作者，對於此道並未十分透徹，竟大膽的做起書來，貽誤後學；有些道書，別有作用，做書的意思是要給當時幾個富貴人看的，並未曾替普通人設想；有些道書，故意閃爍其辭，指鹿爲馬，不教人識透其中玄妙；有些道書，疊床架屋，頭上安頭，節外生枝，畫蛇添足，分明一條坦途，偏長出許多荆棘；有些道書，執着這面而攻擊那面，或是篤信那面而不信這面，豈知實際上做得好，兩面俱能有成，非如水火冰炭之不能相容。設若盡信書，反誤了大事。

不得口訣，無從下手。只有口訣，而缺少經驗，亦難以成就。口訣幾句話可以說完，經驗須要隨時指點，對症用藥。口訣是死板的，經驗是活潑的。若非自己經驗豐富，不足以教人。

清淨工夫與陰陽工夫，素來是立於反對地位，我認爲二者皆有功效。但在今日環境之下，不便和諸道友談陰陽工夫，因爲條件不完備，實行起來徒惹麻煩，加添魔障。**頂批** 余所謂陰陽工夫，比較江湖先生所傳授者，大有分別。 即就陰陽工夫而論，亦僅能施於初下手時之鍊精化氣，及至中間之鍊氣化神，陰陽工夫已無能爲力，自然走到清淨路上來了。最後之鍊神還虛，更非清淨不可。所以，此後專講清淨。**頂批** 此處各人鈔本少幾個字。

一步登天，乃不可能之事。吾人若立志與造化相抵抗，須要分開步驟，循序漸進，不宜躐等而求。這件事是實行不是空想，空想可以唱高調，實行則當由近及遠，由淺入深。

普通在世間做人的辦法，一生過程大概分作三段：二十五歲以前，是求學時代；二十五歲以後，至五十歲，是進取時代；五十歲以後，至七十歲，是保守時代。過了七十歲，身體衰朽，待死而已。此指健康無病之人而言。若素來多病，到了六十歲就如日落西山，未必人人都能活到古稀之壽。所以人生過了五十歲，即當抑制自己的野心，勿再和社會奮鬭，要留一點餘力和造化小兒及閻王老子奮鬭。

終身爲生活奔走的人，談不到「修鍊」二字。最低限度，也要家庭生活勉强可以維持，用不着再去勞心勞力。年齡將屆五十，已經飽嘗人生痛苦，閱盡世態炎涼，覺得做一個人實在没有意味。此時，正是學道的好機會，就應該即刻預備起來。

第一步

先將家庭事務安排妥帖，讓他們生活無憂。兒子能負擔者，就交託與兒子；兒子尚未能成立者，暫時請至親好友代爲照管，或令他們和叔伯家族住在一處。然後自己方能脱身。

另外提出一筆修道經費，約計能够管五個人的生活開支已足，雖不要過於奢侈，亦不宜十分刻苦。因爲中年以後的人，身體多半虧損，或須藥餌調補，僅靠普通飯菜，恐不足以養生。所謂五個人，乃最合式的道友二人或三人，傭工二人或一人，連自己共五人。

另外尚須儲蓄一筆旅行費。因爲長久住在一個地方，未免納悶，有時需要遊覽名山勝境，使身心得以調劑。設若在遊覽期中，尋到比較更好之處，不妨遷移到彼處修鍊，或者在彼處多住幾時，再回到此處亦可。所以每年的旅行費，不能算在日常生活費之内。

第二步

選擇適宜於修鍊的場所，須要近山林，遠城市，有終年不斷的泉水，有四季長青的樹木。東南方形勢開展，可以多得陽光；西北方峯巒屏立，可以遮蔽冬季寒風。地方民俗要純良，購買用品要便利。又要植物茂盛，纔有生氣。最好有松、柏、杉等類樹木，由針狀葉中吐出特別香氣，人吸入身內大有益處。此種樹木皆要成林，香氣散布，始覺濃厚，稀疏幾株，無濟於事。

東南各省，無論農村或山林，多產蜈蚣蛇蟲等物，常常爬到人家床上來，所以房間要乾淨，門窗要嚴密，厨房更要十分留意，防飲食之中有毒氣侵入。

屋内陳設，務求簡單，若非日用必需品，不宜放在屋内。靜室中，光線要充足，空氣要流通，以防微菌滋生。惟正當做工夫時候，光線不宜過亮，過亮則心神難得安定。室中不宜吹風，有風容易受感冒病。

無論住在什麽地方，總不能不和人家往來，或者尚有交涉事件。正式做工夫的本人，不宜耗散精神再管閒事。凡應酬鄉鄰，撑持門户，購買食物，督察傭工，以及日夜輪班保護靜修之人，勿使受意外之驚擾，皆賴諸道友分擔其責任。

第三步

改良飲食。飲食對於人身有密切利害關係。世間講究衛生的人，尚且懂得某物於我有益，某物於我有損，有益者宜常吃，有損者宜禁止勿使入口，而一般做工夫的人，每不知注意此事，難怪他們工夫没有進步。雖由於方法之笨拙，而煙火食舊習慣不肯改變，亦爲一大原因。

談到改良飲食，先決的問題就是吃葷吃素。按事實而論，肉食之徒也有長壽的，專吃淨素也有短命的，似乎吃葷吃素與人之壽命無關。然作精密觀察，究竟吃素的比吃葷的少生疾病，在醫學上頗有根據。實行做修鍊工夫，當然以吃素爲合法，並且不違背仁慈之心理，但也要配製得宜，營養不缺。若飲食太菲薄，弄得面黃肌瘦，血液乾枯，則不免爲肉食之徒所竊笑。

吾人每天飲食所需營養質，最重要的有三種：一，碳水化合物；二，蛋白質；三，脂肪。何謂碳水化合物？即碳、氫、氧三元素化合而成之物，如澱粉、糖等類。何謂蛋白質？即碳、氫、氧、氮、硫、磷各種元素化合而成者。何謂脂肪？即各種油類。

碳水化合物，米麥中最多，豆類次之；蛋白質，黃豆及卵黃、卵白中最多，米麥次之；脂肪，除各種油類之外，黃豆及卵黃中所含最多。

以上三種營養物質，在每一個人身中每天需要多少，則不能一律。今只可言其大概之數，亦是按中國人體質而論。碳水化合物，每人每天需要九兩；蛋白質，需要三兩；脂肪，需要二兩。勞心的人與勞力的人，所需要營養質數量多少，當有分別。**頂批** 五十歲以上至六十歲，照此數九折；六十歲以上至七十歲，照此數八折；七十歲以上至八十歲，七折。以市秤計。

牛奶、雞蛋、鴨蛋可常服食，自磨豆漿可代替牛奶豆腐店出賣之豆漿，嫌其水份太多，又怕得潔內微。芝麻油、黃豆油、茶子油、花生油、牛奶油皆可輪流食用，惟菜子油性味不佳，勿食爲妙。

五味皆宜淡，不宜濃。若能完全淡食，最好。

甲乙丙戊四種生活素，上等牛奶中皆有之，惟缺少丁種。**頂批** 下面所增補的各種食物，乃三十六年十月所加入。**蒲團子按** 頂批所云「下面所增補」者，即文中甲種之「芹菜、青莧菜、番茄」、乙種之「番茄、豌豆、花生、芝麻」、丙種之「捲心菜、豌豆苗、水芹菜、藕、辣椒、番茄、茭白、菜花、油菜、雞毛菜」、戊種之「牛奶、花生、番茄、山藥、芥菜、芹菜、小麥、黃豆、綠蘿蔔、洋山芋」。甲種生活素，奶油、蛋黃、白菜、菠菜、芹菜、青莧菜、番茄中最多；乙種生活素，麥麩、米皮、黃豆、白菜、菠菜、芹菜、番茄、豌豆、花生、芝麻中最多；丙種生活素，白菜、菠菜、捲心菜、豌豆苗、水芹菜、藕、辣椒、番茄、茭白、菜花、油菜、雞毛菜及各種水菓中最多；丁種生活素，雞蛋黃、奶油中最多；戊種生活素，雞蛋、白菜、菠菜、牛奶、花生、番茄、山藥、芥菜、芹菜、小麥、黃豆、綠蘿蔔、洋山芋中有之。頂批 戊種，又名庚種，即維他命G。

凡吃蔬菜，最要洗得乾淨，但不宜煮得太熟，太熟則生機消滅，吃下去没有益處。亦不宜太鹹，太鹹則菜湯不能多吃，而菜中生活素大半棄在湯中，未免可惜。

蔬菜要從地上剛拔起來的生機充足。若隔一兩日，或浸在水裏，菜中所含生活素不免損失大部分。

各種乾菓、水菓皆可常吃，但要與自己身體配合恰當。寒體宜吃乾菓，熱體宜吃鮮菓。凡新鮮水菓，大概是涼性。而紅棗、黑棗、胡桃、楊梅、乾荔枝、乾桂圓、櫻桃乾、葡萄乾之類，大概是温性。|中醫所謂涼性，即西醫所謂第三種維他命。|中醫所謂血熱，即西醫所謂壞血症。頂批 新鮮蔬菜及新鮮水菓中，皆有維他命C（丙種）； 乾菜乾菓中，則無C。因維他命C，喜水而怕乾。

南方山中多竹，產筍最多，做素菜的人，常喜用筍作主要食品，味頗鮮美。但此物性於人無益而有損，不可多吃。其他如蘑菇、鮮菌、味精等類，亦當禁絕勿用。

專做靜功的人，每日飲食物料及時間，須有特別規定，不能與尋常習慣相同。頂批 若不肯改變尋常習慣，決難有成。其他道友及傭人，每日三餐或兩餐，聽便。

第四步

起居飲食都安排好了，就要講到工夫如何做法。世人只曉得關起房門，在裏面打坐，不曉得行立坐臥四種姿式皆可以做工夫；只曉得閉着眼睛在自己身中搬弄許多花樣，不曉得後天的物質、先天的精神，都是從身體外面攝取進來的。凡人到五十歲以後，身中物質與精神大半虧損，所存無幾，縱讓你封固得絲毫不漏，也不過保留得一點殘餘，況且每天尚有消耗。所以，做修鍊工夫的人，若只曉得在腔子裏面弄，總弄不出好結果。

人没有飲食，就不能維持生命；没有空氣，更是立刻便死。飲食、空氣對於身體，關係如此重要，並且都是由外面進來的。據理而論，一個人只要有豐富的飲食滋養，有新鮮的空氣呼吸，應該可以永久生存，何以仍不免衰老病死？諸君先要明白這個道理，然後方可入仙學之門。

或謂人的身體構造，像一部機器，機器年代用久了，自然要損壞，身體年齡過久了，自然要衰老。機器損壞，並非因爲缺乏燃料，即使不斷的加添煤炭，裝足汽油，也不能保機器不壞；身體衰老，並非因爲缺乏食料，即使長年的滋養豐富，醫藥無虧，也不能保身體不死。

愚謂拿機器比喻身體，雖有幾分近似，但非完全相同。試看初生嬰兒身體如何之小，過幾年就變成孩童，孩童身體比嬰兒大多少；　孩童再過幾年，就變成壯丁，壯丁身體比孩童大多少。**頂批**　朱昌亞鈔本、謝鈔本、方鈔本皆少此二十一字。　**蒲團子按**　即「孩童再過幾年，就變成壯丁，壯丁身體比孩童大多少」二十一字。　請問一部小機器過幾年能自動的變成一部大機器否？　身體皮肉，受傷破爛，自己會生長完好，機器損壞，機器自己有修補之能力否？　身體或動或靜，由自己意思做主，機器動作與停止須聽人的意思，機器自身不能做主。　如此看來，人是有生命的，究竟與機器之無生命的不同。

人既然有生命，不是機器，就應該永久長存，爲什麼也要衰老？　也要病死？　其中有兩個理由：（一）是從母胎所帶來有限量的先天生命力，愈用愈少，自幼至老，數十年未嘗添補；　（二）是對於先天生命力所賦與之後天生命權，極端放棄，自幼至老，數十年未嘗執管。　因此身體遂不能永久維持。

何謂後天生命權？　即是心臟的跳動，肺部的呼吸。**頂批**　心跳比呼吸尤重要。

何謂先天生命力？　即是使心臟跳動、使肺部呼吸的一種天然能力。

用什麼方法可以添補人身之生命力？　即是由身外太空中攝取先天炁，透進自己身中，與後天肉體相融合，即是道書所謂「以無涯之元氣，續有限之形骸」。　如此，則生命力可望永久不竭。

用什麼方法可以執管人身之生命權？即是神氣合一，大靜大定，做到脈不跳動、鼻不呼吸，與死人無異，惟身體柔軟温和而不至於僵冷，即是道書所謂「脈住息停」「未死學死」。出定以後，脈息又皆回復常態，飲食、言語、動作亦無異於常人。如此，則生命權可操之於自己，而不受造化所支配。自己要死就死，無絲毫痛苦；自己要活就活，不限定年齡。工夫到了這樣程度，方是仙學初步成功。

以上所言特別生理之人，世間很難看見，但亦非絕無。我於光緒三十三年，在安徽省懷遠縣親自遇着，彼此相聚兩旬之久，許我實地試驗，證明仙家之說非虛，並改正道書上各種錯誤，然後我方下決心，拋棄家庭，淡薄名利，費四十載光陰，閱千百部秘籍，打起全副精神，專求這一件事。奈以緣會蹉跎，頑軀垂老，撫今追昔，悲感良深，此後無論環境如何困阨，亦當於荊棘叢中闢開路徑，入山之期當不在遠。惟念同志諸君，被書所迷，對於真理尚多未悟，不能不有徹底之啟發，留作後學之南針，特將實行上最關重要各點，設爲問答，依次列述於左。

問：「前文所謂行立坐臥四種工夫，如何分別？」

答：「行立坐臥，乃人身四種不同的姿式，並非工夫有四種做法。因爲仙道工夫本是活潑潑地，若經年累月閉門死坐，實不合法度。凡遇良辰美景，日煖風和，宜到郊野空曠地方散步，務須緩緩而行，切忌奔跑喘汗。當其行時，不妨兼做神氣合一、重心放置臍下的工夫。偶或於松陰泉石之間、花草園林之際，小立些時，亦可做同樣的工夫。但須注意，身軀要正直，兩脚要站穩，預防工夫做得恰到好處時，精神一恍惚，筋骨一鬆弛，不免有傾跌之危險。至於坐的姿式，盤腿或垂腿，聽其自便，總以能耐久不動爲妙。工夫仍是神氣合一，至少要靜坐一小時，方可起身。效驗常發生於半小時以後，在半小時之前，難見功效。佛教跏趺坐不適於用，長久下去腿要生病。睡的姿式，有仰睡，有側睡，有半靠睡。若要攝取先天炁，以仰睡爲便，得效最快。若止做神氣合一的工夫，側睡亦可。飽餐之後，只宜散步，不可打坐，更不可睡倒。若犯此誡，恐得胃病。坐功宜在飯後二小時，睡功宜在飯後四小時。吃飽了立刻就做工夫，毫無效驗。」

問：「照如此做法，要做到初步成功，約需多少歲月？」

答：「如此做法，只能去病延齡，使身體健康而享高壽，不能說幾時可以成功。若要成功，必須工夫一步緊似一步，逐日增加時間。設環境適宜，工夫急進，一日不斷，五年可成；若工夫緩進，偶有間斷，十年可成；倘或中途發生魔障，即不能限定年月。所謂五年、十年，其中有個計算，就是按每天逐漸增加之數積累上去，到某種程度爲止，並非隨意虛擬一個數目以寬慰自心。第一年，行立坐臥工夫，每天隨意鍊習，不拘時間。第二年，上半年終，每天除隨意鍊習的工夫不算，正式工夫必須做到接連二小時靜坐不動； 下半年終，每日正式工夫必須做到接連三小時靜坐不動。最初從一個鐘頭做起，每天加二十秒鐘，三天加到一分鐘，三十天加到十分鐘，半年一百八十天，加到六十分鐘，即是加一小時。第三年，上半年終，每天必須做到接連四小時半靜坐不動； 下半年終，每天必須做到接連六小時靜坐不動。每天加半分鐘，兩天加一分鐘，一個月加十五分鐘，六個月加九十分鐘。第四年，上半年終，每天必須做到接連七小時半靜坐不動； 下半年終，每天必須做到接連九小時靜坐不動。第五年，上半年終，每天必須做到接連十小時半靜坐不動； 下半年終，每天必須做到接連十二小時靜坐不動。

頂批 此種工夫，在夜間行之最便，因爲晝間要飲食活動，不能久坐。」

問：「接連十二小時靜坐不動，身體如何忍耐得住，豈不是像受刑罰一樣嗎？」

答：「我所說的，已經比古法減輕一半，若是完全按照古法行事，工夫做到五年期滿，可以說晝夜二十四小時身體沒有活動的機會。我改爲十二小時，已經是大開方便之門。」

問：「這樣做法，豈不是活死人嗎？」

答：「神仙工夫，原來是未死先學死，這個暫時的死能由自己做主，然後長久的生，方能由自己做主。若不經過此關，如何能成仙呢？」

問：「這樣死打坐，就可以成仙嗎？」

答：「你看他外表像死打坐，不知他身内生理上已起了微妙的變化，非但比較真死人絕不相同，即比較普通活人亦大大兩樣。氣滿自然不思食，神全自然不思睡，息自然停，脈自然住。到如此程度，雖非入聖，確已超凡。一切效驗，都是從死打坐上得來的。除此之外，别無他法能到此程度。」

問：「靜坐工夫，既如此重要，何以前文又説長年累月閉門死坐不合法度？」

答：「他們靜坐，或守竅，或運氣，或止觀，或參禪，做到幾年以後，生理上並無變化，呼吸仍舊不停，脈波仍舊跳動，仍舊要吃飯，仍舊要睡眠，不能依工夫淺深層次逐漸進步，故曰不合法度。」

問：「彼此一樣的靜坐，何以結果不同？」

答：「這就因爲身中先天炁充足與不充足的關係。譬如一粒種子，種在土裏，好種子自然生長頂批　上海各人鈔本缺少「生長」二字好花菓，壞種子就無美滿的成績可見。先天炁充足，是好種子；先天炁虧損，是壞種子。若專在後天物質上做工夫，不識先天的作用，是無種子。肉體譬如土地，飲食譬如肥料，工夫譬如人工。止有種子，没有土地、肥料、人工，種子固然不能生長；若止有土地、肥料、人工，没有種子，又豈能生長植物、開花結菓？所以，同是一樣的靜坐，而有成功不成功的分別。」

問：「靜功能做到十二小時不斷以後，是否再要增加鐘點？」

答：「慢慢的增加亦可，否則只須保持十二小時的限度已足。」

問：「從此以後，是否每天必須接連靜坐十二小時，或亦有休息之期間否？」

答：「到此程度，可以暫時休息，但須注意勿使工夫退化。」

問：「工夫做到鼻不息、脈不跳、日不食、夜不睡，衰老病死之患，可以免除。此時已達到超人之境界矣，然而陽神尚未脱體，各種神通尚未發現，意外的災禍仍不可免，若要再求進步，其法如何？」

答：「有急進與緩進二種法門，聽人自便。急進法，要借助於太陽真火之力。宜選擇温熱地帶之高山，掘一土洞而居，面向東南，洞内須乾燥無潮濕，又須潔淨嚴密，不讓毒物侵害。每天候日出時，人在洞外，吸取太陽光線，由鼻孔及皮膚毛孔，進入身内，和自己的元氣元神渾合煅煉，打成一片，結成一團。從寅時起，至未時止。申時以後至夜間丑時，人隱藏洞内，不見光明，專做靜定工夫，以收斂陽氣。到次日寅時，仍如前法。每天止飲泉水，斷絕其他食物，不過三年，陽神即可透頂而出，不求神通而自得神通。此爲先出陽神後得神通之法。緩進法，初步工夫成功以後，暫可告一段落。此時或遊山玩水，優游自適；或移居洞天福地，培養性靈。終日靜坐亦可，長眠亦可，食亦可，不食亦可。若要求神通，須在靜定之中作一觀想，隨時演習，大概是先得天眼通，次得天耳通，再次得宿命通。他心通最難得，如意通乃出神以後之事。但是像這樣做法，陽神却不易出現，能脫體的或許是個陰神。若自己不以爲滿足，要將陰神變爲陽神，須得重新煆煉一番。陰神可以出而不出，神通可以用而不用，日日攝取先天真一之炁，加入身中，密集煆煉。越集越厚，愈鍊愈精，功圓果滿，跳出五行之外，非但不是陰神，並且超過陽神，可以離開地球而上昇天界。此爲先得通後出神，乃緩進法。成功不能限定年月，大約需十五年至二十年。」

問：「自始至終，在一處地方做工夫，做到出陽神爲止，中間不欲遷移他處，一勞永逸，是否可能？」

答：「恐不可能，如其可能，吾亦甚願。一者，道法上不可能；二者，人事上不可能。「何謂道法上不可能？初步工夫，要在生氣旺盛地方，須得山清水秀，鳥語花香，植物蕃多，田園肥沃，農產充足，食用無憂，土厚氣濃，翕收便利；二步工夫，要在靈氣凝結地方，須得洞天福地，泉石清奇，叠嶂迴巒，煙雲舒捲，藏風聚氣，門户幽深門户幽深指山水之形勢而言，不是房屋之門户，松徑茅庵，離塵絕俗；三步工夫，乃出陽神以後之事，要在殺氣偏勝地方，須得千丈高峯，懸崖峭壁，下臨無地，上可接天，草木不生，冰雪滿布，人跡罕至，蛇虎潛蹤。此三種境界，絕不相同，在一處地方豈能兼備？

「何謂人事上不可能？凡是生氣旺盛之地方，出產必定豐富，每易爲惡勢力所垂涎，難保不起爭奪之禍。在二三十年長時期中，要想本地方始終平安，頗難如願。再者，今日匪類，常喜嘯聚山林，因此所謂洞天福地者，亦有時不免被其直接侵害，或間接受累。若思患預防，則移居避禍原是意中事，比較穩妥地方，還是千丈高峯、懸崖峭壁之處。然未出陽神之人，雖有初步工夫，亦不敢輕易居此。」

問：「初步工夫，取生氣地方；二步工夫，取靈氣地方；三步工夫，取殺氣地方。是何理由？」

答：「人到中年以後，每患自己身中生氣不足，必須借助於外界無限量之生氣以培補之，故宜選擇生氣濃厚地方做工夫，則容易得速效。及至做到氣滿不思食，神全不思睡，可知身中生氣已經充足，無須再取生氣，此時當鍊習神通，故宜在有靈氣的地方做工夫，則神通易於成就。及至得了神通，陽神出現，可以稱爲神仙。在這個時期中，憑自己力量，一面接引有緣同志，一面救濟世間苦難。但是此等事業，永無了期，待到後起有人，即可將濟度責任讓後起者擔負，自己就當做飛昇上界的工夫。所以要在殺氣重的地方去做的原故，因爲那個地方，人跡不到，又無毒蛇猛獸，而且温度甚低，把自己肉體安放在適宜之處，能保存許久歲月不壞，可以放心大膽，專做超脱的工夫，無須要他人護衛。又因離開重濁濃厚之地氣已遠，而與輕清淡薄的空氣相接近，對於上昇工夫，亦有些許助力。」

問：「初步成功以後，飲食起居與普通有別否？」

答：「非但成功以後與衆不同，起手做工夫時候，早已有特別規定。第一年，每天飯菜兩餐，補品兩餐，菓品一餐，共五餐。第二年，每天飯菜一餐，補品兩餐，菓品一餐，共四餐。第三年，每天飯菜一餐，補品一餐，菓品一餐，共三餐。第四年，每天飯菜一餐，補品或菓品一餐，共兩餐。第五年，每天僅食一餐，或飯菜，或補品，或菓品，輪流替換食之。第六年，即當斷絕煙火食，每天僅食少許水菓，或終日不食亦可，或數日不食亦可。所謂補品，大概屬於藥餌之類，或是普通飯菜中所缺少之物質，而爲身體上所需要者。吃補品，須有醫學知識，不可亂吃。」

問：「男女之事如何？」

答：「預備下手做工夫的時候，即完全斷絕。正式做工夫，更要絕對禁止，否則在五六年極短期間，如何能修成半仙之體。」

問：「精滿自遺，或生精太多、身中受了刺激而動慾念，這兩種困難用什麼方法應付？」

答：「有各種不同的方法，因人而施，不能執定某法最好。若工夫有效，這兩種困難也就能免除了。」

問：「各種方法用盡，仍舊無效，將如之何？」

答：「決無此事。世間雖偶有百法無效之遺精病，乃尋常不做工夫的人始有之，專門修鍊家若得此病，豈非笑話！」

問：「常聽他們做工夫的人說起，多有患遺精病者，不知是何理由？」

答：「他們的工夫做法都不高明，所以越做越遺精，停止不做則遺精次數反而減少。此等工夫，尚不能却病，安望成仙？」

問：「自古相傳鍊精化氣之法，用之能獲效否？」

答：「你先要明白精是何物。若認爲交媾之精或遺洩之精，那就錯誤了。須知化氣之精，即靈源大道歌中所謂『神水』，不是濃厚粘膩之濁精。神水可以化氣，濁精不能化氣，愈鍊愈硬則有之耳。況且，鍊精化氣之法已非上乘，我所傳的口訣乃『鍊氣不化精』，比較鍊精化氣更高一着。」

問：「假使慾念旺盛，不易制伏，將如何辦法？」

答：「慾念之起，有關於生理上的，有關於心理上的。如身中生精過多，刺激神經不能安定，這是生理作用。若是鍊氣工夫做得好，後天濁精自然就不生了。又如看見有誘惑性的書籍圖畫，心理上先受感觸，而後影響到生理上，只要你永遠禁絕不看，就無妨了。況且在山林中專做清淨工夫，足跡不履城市，又與家庭隔離，環境上的誘惑，也可以避免。慾念既無起因，決不至於旺盛到不易制伏之地步。此層毋須過慮。飲食之中含有興奮刺激性的，宜勿入口。」

問：「陽神與陰神之分別何在？」

答：「各家道書上皆言，陽神可以現形與大衆看，能言語，能動作；陰神止有靈感而無形質，雖能見人，而不能爲人所見。道本無相，仙貴有形，故修鍊家以陽神爲足貴。但余亦不喜徒唱高調，像前人所著道書一樣的藐視陰神。雖是陰神，究竟比不神總强得多了。當今之世，又有幾個能出陰神呢？雖常聞某某等能出陰神，但亦無實證。」

問：「陽神脱離軀殼而能獨立現形，是依賴何種物質而構成他的身體？」

答：「陽神構成，依賴氣體，所以道書上說『聚則成形，散則成氣』。」

問：「用什麼方法，方能與氣體相結合？」

答：「初下手，就用神氣合一之法。做到五六年後，初步工夫成功，也不外乎這個方法。直做到出陽神爲止，到底還是這個法子。雖有許多輔佐的方法隨時應用，然主要的方法惟有神氣合一而已。」

問：「神氣合一之法，極其簡單，何以能得這樣大的效果？」

答：「凡是最上乘的方法，都是最簡單的。若方法愈複雜，則工夫愈難做，而效果亦愈不易得。況且，這個方法是從造化根源上探索出來的，幸勿輕視。」

問：「如何是造化根源？」

答：「我用近代的科學與古代的仙學互相比較，互相聯繫，而擬定一種方式，並加以說明如左。

順則成人
逆則成仙

昇降變化次序表

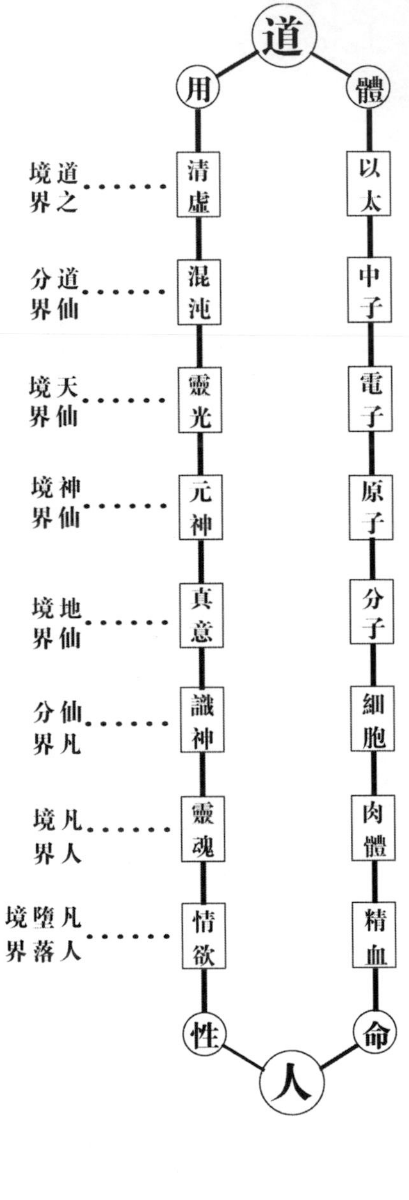

頂批 此表成於民國三十四年陽曆四月間，彼時原子炸彈尚未出世，普通人不知原子爲何物。受過科學教育者，雖知原子、電子之說，亦未聞中子之名。蓋從極冷僻、極專門之科學書中得來，遂作成此表。及至三十四秋季，日本受兩顆原子炸彈而投降，世人方震驚於原子之威名。至於用中子擊破原子之說，只有少數科學家知之，普通人尚未了解。

「老子道德經第二十五章云：『有物混成，先天地生，寂兮寥兮，獨立而不改，周行而不殆，可以爲天下母。吾不知其名，字之曰道。』按：此即今日科學家所推測之『以太』境界。

「老子道德經第四十二章云：『道生一，一生二，二生三，三生萬物。萬物負陰而抱陽，冲氣以爲和。』按：所謂『道生一』者，即是『以太』凝結成中子，又名中性電子核；所謂『一生二』者，即是中子分裂爲陰陽電子；所謂『二生三』者，即是陰陽電子由多少不等的方式組成各種原子；所謂『三生萬物』者，即是一種原子結合或二三種原子化合，而成無量數物質，最小的單位，名爲分子；所謂『萬物負陰而抱陽』者，即是無論何種物質，雖其狀態不同，都以原子爲基礎，每一個原子皆有核心，核心乃中性粒子與陰陽電子合組而成，但偏於陽性，另有或多或少之陰電子圍繞此核心而旋轉，故曰『負陰而抱陽』；在平常狀態時，原子均爲中和性，即陰電子之數無論多少，其負電荷之總量恰等於其電核正電荷之量，故對外不顯電性，此即道德經所謂『冲氣以爲和』。中國二千幾百年以前最古的學說，與今日科學家新發現的理論，若合符節。可知，宇宙間生物生人，有一定公式。古今中外，哲學科學，若追根究底，到了極頂，無不相同。**頂批** 此皆原子炸彈未出世以前之學說，今日雖其說較詳，然大致亦不外此。

「列子天瑞篇云：『有太易，有太初，有太始，有太素。太易者，未見氣也；太初者，氣之始也；太始者，形之始也；太素者，質之始也。』按：所謂太易者，即是哲學上的無極、科學上的以太；太初者，即是哲學上的太極、科學上的中子又名中性電子核；太始者，即是哲學上的陰陽、科學上的電子；太素者，即是哲學上的五行八卦、科學上的原子分子。

「莊子天地篇云：『泰初有無無不以思想，不能言說，有無名即老子所謂「道常無名」，又云「無名天地之始」，在科學上屬以太階級，一之所起即老子所謂「道生一」，有一而未形即中子階級，物得以生謂之德即修鍊家所謂先天一炁。此時尚未分陰陽，仍是中子階級，未形者有分此時已分陰陽，即是電子階級，且然頂批「且然」二字，作「始焉」解無間謂之命雖分陰陽，仍混合一團而無間，乃原子階級，流動而生物電子旋轉不停，原子化合化分，皆是流動之象，無量數的物質從此而生，乃分子階級，物成生理謂之形植物性的細胞組成植物之形，動物性的細胞組成動物之形，各有各的生理，形體保神形體與精神兩相保守，形保其神，神亦守其形，各有儀則謂之性各有其生理上之儀式與法則，植物有植物之特性，動物有動物之特性，性修反德人爲萬物之靈，人類中有超等智慧者，用修養工夫返還到先天一炁之地位，即是成仙，德至同於初修養工夫到了至高至極，和宇宙本體合而爲一，即是成道。初者，指泰初而言，同於初即是同於道。』

「天地萬物，皆由道而生，人亦是從道中來，但須經過幾層階級漸次下降，然後成人。

「凡人若要成仙，須用逆修之法，就是從真意下手，脫離肉體細胞階級，而以氣體分子爲自體。此即我平日所主張之神氣合一工夫。工夫成熟，身中生理完全變化，已非凡人境界，此時可稱爲地仙。

「進一步，以元神爲用，以原子爲體，即是道書所謂『鍊氣化神』工夫。工夫成熟，陽神出現，可稱爲神仙。

「再進一步，以靈光爲用，以電子爲體，即是道書上『鍊神還虛』工夫。工夫成熟，飛昇上界，可稱爲天仙。

「至於攝取先天炁的工夫，是以混沌爲用，以中性電子核心爲體，乃天人合一之道，上自天仙、神仙、地仙，下至凡人僅爲却病延齡而做工夫，皆不能外此，捨此則不配談修鍊。

「宇宙間，凡是物質，同時必具足相當之能力。凡是一種能力，必根據一種物質而來，不會憑空的發出能力。

「物質是體，能力是用，體用是一物二面。

「專以人而論，命即是體，性即是用，性命是同出一源。

「物質不能創造，不能消滅，但是可以千變萬化；能力不能創造，不能消滅，但是可以互相轉換。

「古今講唯心哲學的，每以爲宇宙間物質境界，皆是幻妄，一切唯心所現，心生則境生，心滅則境滅，這種理論，只知有用，而不知有體；講科學實驗的，只認得人是各種物質集合體，而對於意志、思想、情欲等等，則無法解釋，這又是僅知有體，而不知有用。或者以爲心性是體，不知心性乃物質所發出之能力，遂誤認用即是體，不識真體究爲何物，空談心性，亦無着落。

「次序表中，右邊一行排列者皆是體，左邊一行排列者皆是用。科學家所研究，都在體上；仙學家做工夫，都在用上。

「我們的肉體由父精母血交合而生，應該精血在先，肉體在後。**頂批** 或謂「母血」應改作「母卵」，方合於實際。但「卵子」之名，須讀胎生學方知。普通人只知有雞卵，不知有人卵，故此處名稱仍用舊習慣。識者即將「血」字作「卵」字解，亦無不可。 但是精血又是由父母之肉體而生，没有肉體，那有精血？自然是肉體在先，精血在後。父母之先，又有父母，若問最初父母從何而來，既不是天上降下來的，也不是土裏鑽出來的，自然是一種似人非人的高等動物變化而來。高等動物，又是低等動物進化而來，低等動物又是更低等動物變化而來，如此一層一層追問下去，到了極處，就是原始細胞。況且人類的肉體，又是無量數細胞組織成功，把細胞階級列在肉體之前，理由十分充足。細胞雖小至肉眼所不能見，但不能不承認它是物質。既是物質，當然是各種分子之集合體，因此把分子列在細胞之前。細胞形狀各別，在顯微鏡中可以看見； 至於分子，雖極精之顯微鏡亦不能見。分子之上有原子，原子之上有電子，電子之上有中子，中子之上有以太，科學研究，到此爲止。此爲道之體，以後再講道之用。聞近年新發明有所謂電視顯微鏡者，可以窺見分子形狀。

「情欲者，凡喜怒愛憎及各種行爲，專以感情爲用，而不問事理如何； 又或喜怒愛憎及行爲等，雖不背於事理，而發之太過，不得其平； 又或沾染惡習，難以戒除，懷抱野心，不自量力； 又或嗜欲濃盛，異乎尋常，色欲昏迷，不顧利害。這一類的人，皆陷於情欲羅網，莫能自拔，在生如此，死後可知，故名爲墮落境界。**頂批** 最下之一級是情欲。

「肉體之人，既有精血，自然有情欲，精血是物質，情欲即是精血所發出之能力。有體必有用，若要情欲完全消滅，無論在事實上或理論上，皆不可能。然而人的靈魂，包含許多成分在內，有情欲，有識神，有真意，有元神，有靈光，一層比一層清，一層比一層高，情欲不過佔吾人靈魂中之一部分。自識神以上，皆屬於理智範圍，若僅知任情縱欲，而昧却理智，則不成其爲人矣。**頂批** 由下而上第二級是靈魂。

「細胞階級，乃仙凡分界處。細胞是物質，識神是細胞所發出之能力。細胞是體，識神是用。眼耳鼻舌身意六種識神，皆以細胞作根據。識神外用，發揮細胞之能力，即是普通凡人境界；　識神內歛，含養細胞之能力，勿使其過分耗散，即可以去病延齡，有修仙的資格。**頂批**　由下而上第三級是識神。

「分子階級，是地仙境界。　無論礦物、植物、動物，其本身之分子，皆有一種團結力，此力即道書所謂『真意』；　無論固體、液體、氣體，其分子皆有一種運動力，此力亦是『真意』於中主持。　吾人若要修仙，須從真意下手，而不用識神，則可以脱離細胞階級，而與氣體分子發生關係。　細胞能力，漸漸變化爲分子能力，識神作用，漸漸變化爲真意作用，生理上既大起變化，於是有鼻不息、脈不跳、不食不饑、不睡不倦種種效驗，地仙資格因此而成。**頂批**　由下而上第四級是真意。

「原子階級，是神仙境界，元神即是原子之能力。　所謂陽神者，即是以氣體原子爲身體，集聚則有形，爲人所見，散開則無形，而人不能見。　元神與識神不同處：　元神特點在靜定，識神特點在分別。　真意介乎元神與識神之間，非靜定，亦非分別，工夫成熟，自能知之。　真意特點在感通。　**頂批**　由下而上第五級是元神。

「電子階級，是天仙境界，靈光即是電子之能力。　神仙鍊就陽神，可以在空中來往，而不能飛出地球之外，因爲他雖没有肉體之累，究竟還有氣體存在。　氣體亦是物質，仍不免要受地心吸力所牽引。　到了工夫進步，氣體之陽神，化爲電子之靈光，則脱離物質範圍，而不受吸力所牽，遂得自由超昇上界。**頂批** 由下而上第六級是靈光。

「修成地仙，可以免除老病死之苦，而不能抵禦鎗砲子彈，因爲他尚有肉體之累。倘有預知未來的神通，選擇比較安全的地方而居之，災害自不能及。

「修成神仙，可以不畏鎗砲子彈，設不幸遇着幾百磅炸彈之力，恐亦不能抵抗，因爲他尚有氣體存在，猛然一炸，無量數氣體分子彼此互相撞擊，地裂山崩，雖陽神，亦不免被巨大震力所破壞。若距離甚遠者，當然無恙。

「修成天仙，純粹的一片靈光，非但不畏炸彈，縱將來地球毀滅，亦不受影響。所以，我輩修鍊，當以天仙爲目的，勿以小成而自滿自足。此乃徹底之論，望有志者共勉之。」**頂批** 或問：「再進一步當如何？」答曰：「此時不必問，到了將來再去研究，尚不嫌遲。」

補錄 以太是一個非物質的媒介品，佔據無窮的地位，充滿宇宙而無間斷。此種媒介品之生存，似乎對於兩體之間力之運輸甚爲重要。即如太陽之於地球，雖有空間分離之，然重心上及光線上仍相聯繫； 又如電力與磁力，經過真空而傳運，亦顯出有傳運能力之存在。所以，供給磁電力之旋轉，亦因有以太左右於其間。除却傳運旋轉力以外，其性質絕對是消極的——完全透明的，不能分析的，缺乏粘性的。此段譯自大英百科全書。 **頂批** 孟、謝、方、朱鈔本無此一段。此乃乙酉年陰曆五月廿一日所增補。當日高堯夫君由大英百科全書中鈔一段原文給我，惜稿件散失，難以尋覓。此段乃譯文，無意中發現，恐其再遺失，遂補錄於此。

尚有經驗數十條，未能一一筆錄，俟有機會，再謀補充。

民國三十六年十月三十日

附錄：去病延齡方便法

不是專門修鍊，而僅以健康長壽爲目的者，可用此法，保能如願。

早晨天微明即起，靜坐兩點鐘，然後再洗臉、吃飯、做事；夜間亥時下四刻、子時上四刻靜坐兩點鐘，然後再睡下。每日早晚共計靜坐四小時已足，不必增加鐘點，只要有恒心，日日如此，勿使間斷，並無妨於辦事時間。

冬季夜長晝短，早晨宜在天明以前即起，坐到日出後爲止。性急不耐久坐者，起首止坐半點鐘，後來漸漸增加到一點鐘，再漸漸坐到一點半鐘，再增加到兩點鐘爲止，以後即不再增加。**頂批** 坐到一個鐘頭，若不能增加時間，即止於此亦可，不必勉强增加到兩點鐘之久。

當靜坐時，毋須守竅，毋須運氣，毋須止念，毋須迴光返照，毋須存想丹田，毋須舌搭天橋、手扣合仝，毋須眼管鼻、鼻管心，毋須其他一切花樣，只要身體端正，不動不搖，即爲合法。兩腿或盤或垂，眼睛或開或閉，那些都可以隨便。至於兩手或安放在中間，或分置於左右，更不成問題。惟周身衣服不宜束縛太緊，褲帶要解鬆，坐墊要柔軟而厚，富於彈性，勿使身體有絲毫不舒適之處，蚊蟲、臭蟲、跳蚤等類皆要驅除乾淨，坐長久了，能把自己身體忘記最好。**頂批**　正當靜坐時，或有用數息法者，或有兩眼觀鼻端法者，或有用守印堂山根法者，余以爲都不好，最好是用聽呼吸之法。不是聽有聲之呼吸，是聽無聲之呼吸。聽久了，自然心息相依，神與氣合而爲一矣。

若嫌雜念太多，用數息法亦可。其實雜念與靜坐是兩件事，雜念並不妨礙靜坐，只要身體靜坐不動，雜念聽其自然亦無妨。**頂批**　最好是身口意三不動。但意不動甚難，先作身口不動，再漸漸調伏意識可也。

每次開始靜坐之前及靜坐完畢之後，宜兼做全體運動。此法乃余所發明，只有一個姿式，凡五臟六腑、四肢百節、胸腹脊背、頭頸腰膂無處不運動到了，其功效勝過一大套柔軟體操。雖運動姿式極其簡單，奈紙上寫不明白，有知此法者，可以代爲轉教。

動功與靜功相輔而行，方無流弊。偏於靜而不動，亦非善法。

尋常若有精關不固或夢遺或早洩者，可兼做長筋術，此法乃福建人菲律賓華僑洪太庵君所發明，余稍加補充，果能行之日久，當見極大功效。

孔夫子說：「飲食男女，人之大欲存焉。」**頂批**　孔子之說，見於禮記。仙學家對於飲食男女確有徹底解決之法，然非普通人所能奉行。若僅爲去病延齡計，飲食一層可參考仙學必成第三步各條，已够應用，但不宜每餐吃得太飽，弄成胃病。

男女之事，要有節制，不可任意胡爲。特將禁忌各條開列如左，爲有志養生及改良人種者之一助。

關於天氣的：　冷天非火爐不煖時，熱天單衣尚要出汗時，霉天潮濕氣重時，狂風暴雨時，震雷閃電時。

關於節令的：　立春，立夏，立秋，立冬，春分，秋分，冬至，夏至。

關於紀念的：　父母兄長忌日；　岳父岳母忌日此是女方的關係。

關於人事的：　出遠門辛苦初歸時，處逆境胸懷鬱悶時，負重任工作緊張時，遭危險驚魂不定時，悲哀之後，憤怒之後，勞力之後，勞心之後，酒醉之後，飽餐之後，疾病之後，居喪之際。

關於年齡的此是就中國人身體而言，外國身體比中國人强，可以加增一倍或兩倍：　二十歲以外一星期一次，三十歲以外兩星期一次，四十歲以外三星期一次，五十歲以外四星期一次，六十歲以外絕對禁止，身體稟賦異常者是爲例外。　**頂批**　雖以星期爲標準，但到期若遇上文所列各種禁忌，則宜改期，不是到期決定要做。總而言之，這件事是虧本的生意，愈少做愈好。　**又頂批**　男子洩漏吃虧，女子生産吃虧。

關於女方的：　月經期内，懷孕期内，産後三個月期内，年過五十月經斷絕以後絕對禁止，白帶病太重時，子宫病未愈時。

煙酒能戒斷最好，否則宜有選擇。酒類只有啤酒、葡萄酒、紹興酒、甜米酒可吃，燒酒、高粱酒、白蘭地酒傷人。捲煙上品的可吃，粗劣味辣者傷人，雪茄煙亦傷人。

無論何種修鍊之法，皆從克制情欲下手，可見情欲是人生的大患，能阻上進之路，能開墮落之門。不必高談濶論，淺而言之，僅求健康長壽，亦非克制情欲不可。世間有室家和美，安享大年，無疾而終者，皆情欲淡薄之人，而非肆情縱欲之輩所能妄冀。

動靜兩種工夫，做長久了，各種病症漸次痊癒，自己覺得精神充足，體力康強，這就是極大的效驗，不必問身內有無特別景象發生，儘管照舊向前做去。倘或身中果真有異乎尋常的景象，切不可胡亂運轉，一面要小心護持，勿受驚駭，勿犯色慾，一面要請教諸位有經驗之人，仔細討論用什麼方法應付。若急切求不到應付之法，只好暫時停止坐功，勿再前進，俟將來有法應付時再繼續行功，否則恐不免弄出病來。

以上各條，似乎平淡無奇，實爲余數十年閱歷有得之言，果能依法奉行，決定可以達到目的，諸君幸勿輕視。無論少年中年，若認爲這種辦法是人生所必需的，要做就做，不必有所期待。光陰如流水一樣的過去，轉眼身體衰老，百病叢生，再想用功，已嫌遲了。黃帝内經曰：「夫亂已成而後治之，病已成而後藥之，譬猶渴而穿井，鬬而鑄錐，不亦晚乎？」已完。

陳攖寧手寫本。成稿於一九四五年，此爲一九四七年修訂本

陳攖寧 著

爲淨密禪仙息爭的一封信

上海某君，喜談禪，亦好道。丙戌春季，特備素筵，招集眾賓至其家中，廣開論議。來賓有僧、有道、有居士、有商學界，約計廿餘人。愚亦忝列末座。言談之間，各人皆偏重己宗而輕視他宗。禪謂淨、密太着相，淨、密則謂禪太落空；淨謂密即身成佛談何容易，密謂淨帶業往生亦無把握；佛譏道，謂學仙的都是妄想，道譏佛，謂求成佛求往生也是妄想。彼此各不相下，席間要愚作公斷。愚難爲左右袒，只得逃席而去。

事隔數日，遂作此函與某君，聊伸己見。舊稿藏之將近兩年，原無公開發表之意。不料爲本刊編者所賞識，竟付排印。但此信是對個人說法，貴在當機，恐羣眾閱之或有誤會，因將愚自己平日關於佛法之概念，分條列述，以爲先導。

(一)佛法是立體的，不是平面的。

(二)佛法是圓球形的，不是棱角形的。

(三)佛法是代表整個宇宙的，不是專門研究片段事理的。

(四)佛法是普渡一切有情的，不是僅爲接引特種根器的。

(五)佛法是大慈大悲、權巧方便、化導魔外的，不是小家寒氣、排斥異己像其他宗教一樣的。

（六）佛法是容納各種複雜矛盾思想的，不是樹立一個單純極端教義的。

（七）就表詮門說，世出世間，無一法而非佛法，雖反對佛法者，亦是佛法。因彼等所持反對之論調，在佛經中早已有過。

（八）就遮詮門說，一切法皆非佛法，雖釋迦佛親口所宣者，亦非佛法。因爲佛法究竟是不可說的。

（九）絕對的佛法雖不可說，相對的佛法未嘗不可說。彼說「有」，此即說「空」；彼說「空」，此即說「有」；彼說「常」，此即說「無常」；彼說「無常」，此即說「真常」。義雖相反，而實則相成的。

（十）衆生我見太深，佛故說「無我」以爲對治。若執定「無我」爲佛法，「有我」即非佛法，亦不盡然。諸經開首「如是我聞」之「我」，姑且不論，但大涅槃經第二十三卷所謂八種「大我」者，又將何說？佛之「我」與衆生之「我」體相雖有大小，本性實無差別。譬如大海水與一滴水，水量雖異，而水性則同。心燈錄「此」「我」二字並未說錯。

（十一）禪謂教外別傳，直指人心，頓悟成佛，高於一切；淨謂三根普被，九品往生，花開見佛，高於一切；密謂六大四曼，三密加持，即身成佛，高於一切。實際上誰比誰高，很難判別。他們要施設門庭，建立自宗，不得不如此說。我們作學人的，則不宜偏執。

（十二）佛有三身，衆所共喻。禪宗所見者，是自性清靜的法身佛；密宗所見者，是萬德莊嚴的報身佛；淨宗所見者，是千百億化身佛。雖然如此，但不可說法、報身爲優，化身爲劣。更不可說，法身爲真實，報、化身爲幻妄。因爲是三身互融，不一不異。

（十三）頓教一超直入，立地成佛，不歷位次；漸教三祇成佛，時間久遠，位次重重。說者遂謂頓教勝過漸教，亦未必然。今日之一超直入，安知其往劫中不曾遍歷三祇耶。

（十四）已經成佛之後，不妨再入輪迴，再度衆生，再示現由衆生成佛。橫豎就是這麼一回事。

（十五）所謂成佛，所謂度生，都是夢中說夢，根本上就沒有這麼一回事。

（十六）弄假作真要度衆生，淨土法門最爲廣大，密宗、禪宗皆難普度。設若三種法門皆不逗機時，自不得不借重仙道作爲到彼岸之橋梁。

（十七）外道闡提，雖不信佛法，然都有佛性，將來因緣遇合，畢竟成佛，不過時間的問題。

（十八）眾生莫不被夙業所縛，淨、密兩宗皆有轉移定業之說，惟獨禪宗不屑於爲此。殺人償命，欠債還錢，因果分明，決不絲毫躲閃，的確稱得起硬漢。世人有這樣魄力而去參禪，方可許他一門深入。否則，宜兼修淨、密爲妥。徒唱高調，人己兩誤。

（十九）疾病纏身，痛苦煎逼，參禪、念佛、持咒皆不得自在，不幸短命而死，來生又復沉迷。因此，健康長壽實爲一般學佛人士所必需，勿輕視仙道。優婆塞戒經屢言「增長壽命」。又云：「菩薩亦應擁護自身，若不護身，亦不能調伏眾生。」此即菩薩乘之特點，若聲聞乘中則不見有此說。

（二十）古云：「爲政不在多言，顧力行如何耳。」愚謂：學佛亦不在多言，貴在實修實證。除這封信而外，僅有一封長函尚擬繼續發表，此後即不欲浪費筆墨，請閱者諒之。

與上海某居士書

昨承雅意，招赴清筵，釋道同參，法侶雲集，備聆諸君高論，各有理由。寧當時未敢多言者，實因諸法平等，本無是非可說耳。然既忝受齋請，又不便始終默爾。今略表愚見，以供笑覽。雖立說或不能盡滿人意，而愛護佛法之心，亦未敢後人也。

嘗謂禪宗一門，須得上根利器，方有入處，而淨土則人人可修；參禪頓悟全仗自力，而念佛往生則多仗他力。禪宗講唯心淨土，貴在不着相，故曰「即心即佛」，又曰「非心非佛」；往生乃西方淨土，既要持名，又重觀想，雖着相亦無妨也。刻實而言，其妙處就在着相。移花接木，李代桃僵，一轉念間，而淨穢殊途，聖凡異趣，自他不二，何論東西？業海變成功德水，火坑現出妙蓮花，斯則唯心之極致耳。淨宗信他力，不敢信自力；禪宗信自力，不屑於求他力。自他不二是密宗的最高理論，愚借用之以調和禪、淨之偏執。

參禪貴在無所求、無所住，念佛則是有所求、有所住。兩種法門，比較而觀，顯然有難易之別。人情畏難而就易，故修淨土者日多，而參禪者日少，且有一面參禪一面仍求生西方者，名爲禪淨雙修。全國佛教徒百分之九十九皆趣向淨土，大半是受了宋朝永明延壽禪師四料簡之影響，明朝蓮池大師、現代印光法師及楊仁山居士，又極力弘揚，於是淨土宗更爲發達，而禪宗遂衰。

閣下見解，迥異常流，根器自是超拔。奈不識普通一般學佛者之心理，以致曲高和寡，古調獨彈。譬如一個人，他的能力只可以挑得起五十斤重，你偏要他挑一百斤，他自然不敢承當前代禪師們，多半犯了這個毛病，比較佛祖之善於因人說法，其功德相差，不可以道里計。並且，他還不敢相信你的力量真能挑一百斤麼？ 恐怕是口頭禪吧！ 因此，知音難覓。不遇鍾子期，誰識伯牙琴，將來只好往孤峯頂上，寸草不生處，對石頭說法去。

再者，佛法入門，先破我執，我執既破，即無人非我是之見； 次破法執，法執既破，即無內教外道之分。試問，今日有幾人能破我法二執者？ 若見爲異，則同者亦異； 若見爲同，則異者亦同。 何謂同者亦異？ 譬如同是一神教，而有回教與基督教之異； 同是基督教，而有舊教天主教與新教耶穌教之異； 同是佛教，而有顯教與密教之異； 同是密教，而有日本密與西藏密之異； 同是日本密教，而有東密與台密之異； 同是西藏密教，而有紅教與黃教之異； 同是顯教，而有大乘與小乘之異； 同是大乘，而有禪宗與諸宗之異； 同是禪宗，而有五家宗派之異。何謂異者亦同？ 耶穌與天主，新舊雖異，究竟同是基督教； 基督教與回教，信仰雖異，究竟同是一神教，天主、上帝、真主，其義一也； 禪宗與諸宗、顯宗與密宗，修持法門雖異，究竟同是佛教； 一神與多神，一多雖異，究竟同是有神教，同是勸人爲善，誡人作惡，其大旨並無不同。

某君謂：「佛教是出三界之教，其他各教皆不能出三界。」此說仍是以佛教立場，而批評外教。外教是否承認，尚有問題。即專就佛教而論，出三界與未出三界之說，仍是不了義。必至於無三界可出，無涅槃可證，方是佛教中真了義。蓋以涅槃不離三界，無三界即無涅槃，證涅槃當下便是，覓涅槃了不可得。若說三界之外尚有涅槃可證，則又落到第四界。所以，名爲不了義。雖然如此，縱讓你做到真了義，未必就勝過不了義。到了那時，你自己就覺得是非優劣之諍，皆屬多事。

或又謂：「淨土法門，只可以接引鈍根，而不能啟發上智。」此乃隔靴搔癢之言。念佛若能念到一心不亂時，即與參禪參到五蘊皆空時無別，實未見誰優誰劣。惟念佛學人，因爲心中有佛，都存敬畏，而不敢放肆，故少流弊；參禪者，每以爲自己是佛，何必更求他佛，甚至於連佛見也要掃除，遂有對佛像而不屑禮拜者，有天寒燒木佛取煖者，有詈佛爲「乾屎橛」者，有「一棒打殺與狗子吃」者，其自證如何，姑且不問，但以此教人，總非所宜。

人情大抵喜新厭舊，重神奇而輕平易。淨土宗與密宗相比較，似乎密宗來得神奇，淨土頗嫌平易。密宗花樣翻新可喜，淨土已是老僧常談。其實淨業學人之持名，等於真言行者之持咒；淨宗觀想西方三聖，等於密宗觀想二種本尊；淨宗固是以彌陀、觀音爲主體，密宗又何嘗離却彌陀、觀音。故知密宗之於淨宗，仍是換湯不換藥耳。密宗所謂本尊者，有字、印、形三種。何故名爲二種本尊？蓋每一種之中，又分爲二種。字之二種：一觀字義，二唱字聲。印之二種：一有形，二無形。初於心外觀畫像，後漸純熟，又以加持力，故自然而現，與心相應，於心外無緣。形之二種者：

一非清淨，二清淨。先觀畫像，漸得明了，尚有所障，閉目則見，開目則不見；又漸次閉目開目，皆得明見；又漸漸不加作意，而亦見之，乃至觸於身亦無有礙。依此有相，漸引入於清淨處，寂然無相。

愚見對於禪、淨、密三宗，本無軒輊，但爲防流弊，故不得不推崇淨土法門。若有戒律精嚴之修士，參禪學密，聽其自便，原不必人人都要往生西方。惟不持戒而參禪，恐墮於狂禪；不持戒而學密，恐易蹈魔習。反不如老老實實念佛生西，較爲穩妥。否則，奉行十善，求生天界，亦是美事。總比留滯人間，造諸惡業，輪轉苦趣，强得多了。持戒與受戒不同，持戒是力行，受戒是儀式。

佛家認爲生老病死是苦，仙家也認爲生老病死是苦。佛家欲解脱生老病死諸苦，專從心性上做工夫，肉體則棄之不管，聽其自生自滅；仙家欲免除生老病死諸苦，先從肉體上做工夫，漸漸的脱胎换骨，超凡入聖。論及直截痛快、一刀兩斷，似乎佛家學説較爲徹底。奈生老病死，完全是肉體上事，心性上本無所謂生老病死，縱讓你心性工夫做得十分圓滿，而肉體之生老病死諸苦，依然存在。

釋迦佛在雪山六年精進，弄得骨瘦如柴，後於尼連河畔，仍不得不受牧牛女乳糜之供以調養肉體，此乃生苦。釋迦佛住世七十九歲，僅僅得到一個中壽，此乃老苦。後爲須跋陀羅說法時，已患身痛、背痛、腹痛、下血等症，此乃病苦。**頂批**　木版通行本大涅槃經後分卷上應盡還源品云：「佛復告諸大衆：『我今時至，舉身疼痛。』」長阿含經卷二第一分遊行經第二之一有云：「如來即起，著衣持鉢，詣一樹下，告阿難敷座：『吾患背痛，欲於此止。』」長阿含經卷三又云：「中路止一樹下，告阿難言：『吾患背痛，汝可敷座。』」又云：「爾時世尊即從座起，小復前行，詣一樹下，又告阿難：『吾背痛甚，汝可敷座。』」又云：「爾時世尊即詣拘孫河，飲已，澡浴，與衆而去。中路止息在一樹下，告周那曰：『汝取僧伽梨四褺而敷，吾患背痛，欲暫止息。』」佛般泥洹經卷下（第二七八冊）云：「即與比丘僧從華氏國至鳩夷那竭國，佛道得病，下道止座。」又云：「佛告阿難施床，使北首：『我背大痛欲臥。』」又云：「佛言：『如人宅舍久，故皆當壞。地續安如故，佛心安如地，身如故舍，心無病，但身有病耳。』」佛說方等泥洹經卷下（第二七八冊）云：「佛疾生，身背痛，止樹下。」又云：「彼時佛敕阿難：『施床枕，我背疾。』」大般涅槃經卷上（第二七八冊）云：「爾時世尊說此偈已，即語阿難：『我今身痛，欲疾往彼鳩尸那城。』爾時阿難與諸比丘，並及純陀，聞佛此語，號泣流連，不能自勝。於是世尊即從座起，與諸比丘前後圍繞，趣向彼城。爾時純陀亦與眷屬，隨從如來。世尊中路，止一樹下，語阿難言：『我於今者，極患腹痛。』即將阿難去樹不遠，而便下血。既還樹下，而敕阿難：『汝可取我僧伽梨衣，四疊敷地，我欲坐息，不堪復前。』阿難受敕，世尊即便坐息樹下。」（大般涅槃經共上中下三卷，東晉沙門法顯譯。）最後只有入滅一途，雖經衆弟子搶地呼天，悲哭挽留，亦不能多延時日，此乃死苦。此種事實，不能以「示現」二字強爲辯護，須分別言之。用佛眼看，則是示現；用肉眼看，還是苦境。請問：世間有幾隻佛眼？送覺有情月刊之稿無此一段。

釋迦佛的人格，並其智慧，可以說古今無雙，我佩服得五體投地。獨惜他老人家度生的方法，尚缺少一段肉體上工夫，是謂美中不足。愚意，若將中華民族古代聖哲所發明所遺傳之仙學，補充印度外來的佛學之不足：修養肉體，則用仙學；開悟心性，則用佛學；性命雙修，仙佛同證，方爲盡美而又盡善。送覺有情所登出者，無此一段。

閣下幸勿徒唱高調，說什麼生老病死都是幻妄，不足介意。儘管讓你說幻妄，而當前人生歷程上所必經之痛苦，却是無法避免。他們篤信念佛往生的，挨到一期壽命告終，身後尚可以得安樂。禪淨雙修的人們，亦是如此。惟有少數自命不凡的人，專門談禪，而鄙視一切有爲法，那是很危險的。口頭禪不必說他，就是真參實悟，也無濟於事。譬如連陰之天，多時不見陽光，偶然一霎時，雲開日朗，大現光明，轉瞬又復陰霾蔽空，昏如長夜。請問此種偶然的現象，靠得住麼？禪家最重要的手段，是破五陰，這件事是真實工夫，不是空談理論。請觀下文。

法苑珠林第十二卷千人結集部引大智度論云：「大迦葉入定，用天眼觀今眾中誰有煩惱未盡應逐出者。唯有阿難一人，煩惱未盡，餘九百九十九人，諸漏已盡。大迦葉從禪定起，於眾中牽阿難出，語阿難言：『斷汝漏盡，然後來入；殘結未盡，汝勿來也。』如是語竟，便自閉門。是時阿難思維諸法，求盡殘漏。其夜坐禪經行，殷勤求道。阿難智慧多，定力少，是故不即得道。定智等者，乃可速得。後夜欲過，疲極偃息，却枕就臥。頭未至枕，廓然得悟。如電光出，暗者見道。入金剛定，破煩惱山，得六通已，即夜到僧堂，敲門而喚。大迦葉問言：『敲門者誰？』答言：『我是阿難。』大迦葉言：『汝何以來？』阿難言：『我今夜得盡諸漏。』大迦葉言：『不與汝開門，汝從門鑰孔中來。』阿難答言：『可爾！』即以神力從門鑰孔中入，禮拜僧足懺悔。大迦葉手摩阿難頭言：『我故爲汝，使汝得道，汝莫嫌恨。』」此段原文，具載於羅什所譯龍樹菩薩大智度論第二卷中。玄奘法師所譯大唐西域記卷九，亦有同樣記錄，但文辭簡略，不及大智度論之詳。

以上敘述阿難尊者被大迦葉訶斥後，發憤坐禪，於一夜中證得阿羅漢果之事實。民國初年，聞月霞法師告我言，見大智度論中，後檢閱之果然。今閱法苑珠林，亦有此說，遂節錄之。

所謂「門鑰孔」者，即門上用鑰匙開鎖之小孔，大唐西域記中謂之「鑰隙」。古今禪宗負盛名者多矣，請問有幾人能以父母所生之肉體，於門鑰孔中自由出入而無礙否？此等現象，不是大迦葉教阿難賣弄神通，乃是教阿難拿出證據，否則人人皆可自稱諸漏已盡，而冒充羅漢矣。

釋迦佛滅後一百餘年，小乘上座部與大衆部，因彼此見解不同，時起爭議，後即顯然分裂。重要的問題，就是「大天五事」。五件事中，有四件皆是關於阿羅漢的資格。可見，證羅漢果是最不容易的一件事，是由極深禪定工夫上得來的，不是參公案、看話頭、打機鋒之類所能為力。像這一類的法門，止能使人開悟，而不能使人證果。

前文說參禪參到五蘊皆空，後文又說五陰尚未能破，似乎自語相違。其實不然，蓋前文就理上說，是暫時的悟；後文就事上說，是永久的證。禪家往往把悟境當作證境，遂至目空一切，這種見解不是開悟，簡直是錯誤。因為自己沒有神通，遂又訶斥他人之神通為邪魔外道，不知佛教本旨原是要離苦得樂。神通雖非究竟，却是離苦得樂的一種方便，未可輕易抹煞。

平心而論，禪宗法門是頓悟，其他一切法門是漸修，頓與漸是相對的。若專事漸修，而不求頓悟，則處處礙手礙脚，自己束縛自己，何時能得解脫？若偏重頓悟而廢棄漸修，那一點悟處，是不可靠的。刹那間，無明業識又起來了。遇到違心之境，你就要厭惡；遇到順心之境，你就要繫戀；人家辱罵你，你就要動氣；人家恭敬你，你就要喜歡；炸彈臨頭，不免恐懼；熱病纏身，不免昏迷。請問此時較彼不悟之人，有何分別？到了將來四大分散時，依舊業識茫茫，自己不能做主，何貴有此一悟？

大凡看某人修行程度之淺深，只要看他習氣比較常人減輕多少，不管他悟與不悟。習氣減輕一分，業識就除去一分。若習氣完全銷滅，今生雖尚在人間，來生必不再受輪迴之苦矣。否則，徒然一悟，而歷劫以來之習氣仍舊存在，難保不受後有。轉世為人，原無不可，只要你不叫苦就罷了。其中有今生修行已到相當的程度，奈色殼子已壞，不得不轉世再修。這種人，前生習氣所餘無幾，但因爲拖上一個父母遺傳的肉體，不免新添若干習氣。幸而不是前生帶來的，根蒂不牢，尚容易對付。一朝覺悟之後，肉體上所有習氣，就漸漸銷滅。往昔因參禪開悟而有所成就者，大概屬於這一流人物。普通人習氣種在八識田中，根深蒂固，牢不可拔。縱然暫時開悟，也難以保任，不如帶業往生，到了西方淨土，再繼續修行，則永不退墮。**頂批** 有人見「保任」二字，謂我曰：「『任』字恐是『住』字之誤。」余曰：「『保任』二字連用，在禪宗書中常見，不是筆誤。古代歷史書中，亦用此二字。譬如我保舉一人，到某機關充任要職。此人若有過失，我做保人的，也要負連帶責任。本義如此。後來引伸其義，作『擔保』解。禪宗書中，有人將『保』『任』二字拆開講，謂保是保守，任是放任。雖能自圓其說，但非『保任』二字之本義。」

古人抱定一句無意味而又不能理解的話頭，經年累月死參下去，那原是一種工夫，等於念阿彌陀佛一樣，不是因爲話頭本身有什麼玄妙。到了話頭工夫成熟，猛然觸機開悟，也等於念佛工夫成熟，忽然極樂世界現在面前一樣。禪淨兩門工夫，實無分別，其分別處在於境界。禪之最高境界，是常寂光；淨之最高境界，是極樂莊嚴。二者亦無優劣可言。惟念佛工夫成熟，而餘業未盡者，尚可帶業往生；參禪開悟以後，而餘業未盡者，又要去轉輪迴。故爲學人方便計，仍以淨土法門爲最穩妥。此乃古今大善知識所公認，亦爲愚自己所深信不疑者。

說到此處，閣下必定要問：「既然淨土法門如此好，你自己爲什麼不修？」對於這件事而懷疑者，諒不止閣下一人。須知，愚在今生是外道立場，當然不求往生西方。況於此世間願心未了，亦不欲急於離開。譬如一個中國人，從前在西洋留學多年，現時畢業回國，正好爲本國盡一番義務。若再教他到外國去，恐怕不合他的志願。所以，我自己將來的去處，是遍歷欲界諸天，最高亦不過到色界四禪爲止這是說將來的志願，不是說現在已有這樣程度，請勿誤會。不願困陷於無色界，亦不願入涅槃，但願永久站在「有」字一方面，絕口不談「無」字，更不說「亦有亦無，非有非無」那種騎牆的論調。禪家要離四句，我只要離三句，所以我自認作外道。**頂批**　佛教所謂外道者，有二說：一，凡在佛教之外的，都是外道；二，凡是離開自心，向心外求道的，都叫作外道。

世人相信自力者，儘管去參禪；相信他力者，儘管去念佛；相信他力加持自力者，儘管去灌頂。**頂批**　灌頂乃密教隆重之儀式，不是今日密宗所謂開頂。開頂之儀式很簡單。我非但不反對，並且立於贊成地位，決不勸他們走我這條路。惟有志在修養，意存實驗，而於佛法無緣，又不信其他一切道門、一切宗教者，我則順其機而接引之。並隨時用高深的學理，以擴充其心量，而種未來之善根。他們厭惡老死，我不能不講長生；他們愛做神仙，我不能不求飛昇。若教以往生淨土，他們說死後無證據；若教以明心見性，他們說肉體將奈何。

像這一類的人，各種宗教皆不能化導，只有我這個法門，尚可以得他們的信仰，姑且用之作爲過渡耳。

科學家要用原子力發動火箭，帶着肉體上天，其方法□□□□，□□□□□。就讓他們到了目的地，恐怕環境不適於生存，肉體亦難免毀滅。佛教徒到欲界諸天，是用識體投生，雖然達到目的，但有隔陰之迷，不能記憶前生之事，等於地球上人類一樣，亦是缺憾。若用禪定力，不經欲界，直趨色界者，則不至於迷失本性。但中國傳布之禪宗，是參禪，不是坐禪，其目的並不在色界。仙學家鍊就陽神，白日飛昇，是用氣體上昇。因爲他們已經造成一個適合彼處環境之身體，所以雖到欲界諸天，亦不必再由彼處天女胎中經過，隔陰之迷可以免矣。再加一番鍊神還虛工夫，色界諸天亦能來去自由。但若要再到這個地球上來有所作爲，仍非假借肉體不可。因人類的眼睛看不見氣體。重濁如空氣，尚不能見，何況色界天身，是輕清虛靈之氣所結成，更非空氣之比。

以上所說，都是夢話。但這個夢，我要長久做下去，不願意醒。設若一朝夢醒，於有情世間相隔絕，就無事可做。西方淨土，號稱極樂世界，彼土衆生，都是大善知識，用不着我去幫閒，還是留在苦惱娑婆世界，了一點心願罷。娑婆世界，包括欲界、色界諸天而言。諸天雖比人間安樂，亦不免三災之患；天上衆生，亦有衰老死亡之相，到底是苦惱。然而我對於阿彌陀佛之大願力，觀音菩薩之大慈悲，實不勝其欽仰。自己雖不求往生，却希望他人往生，免得下次又來受苦。

至於一般中年人士，尚未到往生之時期者，須要趕快多積功德，勤修福報，暫時維持這個夢幻的人生，免遭意外的災難。一面再依淨土法門，努力修行，以爲他日往生之地步。不過話又說回來了，假使全球人類，個個都持十善，個個都行六度，這個世界就是極樂，穢土就變成淨土，何必再講往生？這是我的末後句。

陳攖寧手寫本，初稿作於一九四六年春，發表於一九四八年覺有情雜誌。此爲增補本，完成時間不詳

陳攖寧 著

五祖七真像傳

劉海蟾仙師略傳

劉海蟾眞人像

師姓劉，名操，字宗成，號海蟾子，燕山人也，仕燕**蒲團子按**　「燕」，揚善半月刊原作「遼」，今據後文改爲宰相。平昔嗜性命之學，然未窺玄奧。一旦，有道者來謁，自稱正陽子。師以賓禮待之。問姓名，不答，惟索雞卵十枚，金錢一文，置錢於几，而以十卵累疊其上，如浮圖狀。師歎曰：「危哉！」道人曰：「居榮祿，履憂患，相公身命之危，更甚於此。」言訖，擲錢卵於地，長笑而去。師於是大悟，即日解相印，易布衣，遠泛秦川，遁跡終南、太華之間，韜光隱曜，衆莫能測。

民間流傳所謂「劉海戲金錢」，又誤謂「劉海戲金蟾」等俗語，蓋由於此。歷代所顯靈跡，見於記載者甚多，不及備述。其最著者，則當宋神宗熙寧二年，於成都度張紫陽；當金世宗大定四年，於甘河鎮度王重陽。仙學正宗，南北兩派，皆發源於海蟾師，其功固不在呂祖下也。後人有詩讚之曰：「擊碎珊瑚不相燕，身同野鶴伴蒼煙；攜琴直上崑崙頂，冷笑浮生盡小年。」「擊碎珊瑚」與「攜琴上崑崙」等語，見於海蟾師自作詩歌中。

攖寧按　陝西通志載「劉哲，字元英，號海蟾子，以明經仕燕主劉守光爲相，雅好性命之學。解印後，隱終南山下。丹成尸解，白氣自頂門出，化鶴衝天」云云，與道藏所記對勘，僅名字稍有不同，而事跡則無差別。考其出世因緣，亦由於十雞卵。噫！

今之據要津者，其危甚於海蟾師多矣，縱累百卵千卵，又安能令其醒悟哉！何古今人之不相及如此？

載民國二十四年（一九三五年）一月一日揚善半月刊第二卷第十三期（總第三十七期）

張紫陽仙師略傳

劉海蟾真人之弟子，爲仙家南宗第一祖。

張紫陽眞人像

丁亥正月蒲建輝仿繪

此篇參考臨海縣志及山西通志並各種道書編成。

師姓張，名伯端，字平叔，浙江省臨海縣人，宋時嘗爲府吏。一日，因事有感，乃賦詩云：「刀筆隨身四十年，是非非是倒還顛；一家温飽千家怨，半世功名百世愆。紫綬金章今已矣，芒鞋竹杖任悠然；有人問我蓬萊路，雲在青山月在天。」賦畢，遂縱火焚其案卷，得罪遣戍，師處之晏如也。後當宋神宗熙寧間遊蜀，遇劉海蟾真人，授以金液還丹口訣，乃改名「用誠」，號「紫陽山人」。宋英宗治平中，訪扶風馬處厚於河東，以所著悟真篇授之，曰：「畢生所學，盡在是矣，願公流布此書，當有因書而會意者。」元豐五年夏，趺坐而化，住世凡九十九歲。弟子用火燒之，得大如芡實者千百粒，色皆紺碧。所著有悟真篇、悟真篇外集、金丹四百字、贈白龍洞劉道人歌等作行於世，是爲南宗第一祖。

攖寧按 紫陽師，一刀筆吏耳，徹悟後居然能用非常手段斬絕塵緣，不可謂非大智大勇矣。悟真篇序自言：「涉獵三教經書，以至刑法書算、醫卜戰陣、天文地理、吉凶生死之術，靡不詳究。」雖古聖哲，何以加茲？豈公門中人所能望其項背哉！除金丹玄旨直接魏祖心傳而外，尚有悟真篇外集，深契達摩最上一乘之妙道，久已收入佛教禪宗語錄部內。性命雙修之學，至師始集大成，前無古人，後無來者。嗚呼！其初不過一刀筆吏耳。

附錄悟真篇七言絕句一首

歐冶親傳鑄劍方，莫邪金水配柔剛。鍊成便會知人意，萬里誅妖一電光。

按 吳越春秋云，干將，吳人，善鑄劍，莫邪乃干將之妻名，故鑄成雄劍名「干將」，雌劍名「莫邪」。歐冶子與干將同時，亦以善鑄劍聞。紫陽此詩，本是喻言，然封面圖畫中二劍，即根據於此，故不可不知。

又按 余舊藏五祖七真遺像十餘幅，出於古名家手筆，畫工精妙絕倫，今雖用照像法縮小製成鋅版，然較之原樣，神采僅得十分之七八而已。閱者諒之。

蒲團子按 本書五祖七真畫像，均請家父蒲建輝先生倣繪。

載民國二十四年（一九三五年）一月十六日揚善半月刊第二卷第十四期（總第三十八期）

石杏林仙師略傳

張紫陽真人之弟子，爲仙家南宗第二祖。

此篇參考陝西通志及悟真篇註始末並各種道書編成。

師姓石，名泰，字得之，常州人。性仁慈，喜以醫藥濟人，不受酬報，惟願植一杏樹。歲久，樹竟成林，人因號之曰「石杏林」。後遇紫陽張師，得傳金丹之道。初，紫陽得受口訣於劉仙師海蟾，海蟾誡之曰：「異日有爲汝脱韁解鎖者，當以此道授之，餘皆不許。」其後，紫陽三傳非人，三遭禍患，乃自誓不敢妄傳，遂以隱語作悟真篇，並自序：「使宿有仙骨者，讀之自悟，則是天之所賜，非余之輒傳也。」中罹鳳州太守怒，按以事，坐黥竄。路過邠州，會大雪，紫陽與護送者俱飲酒肆。遇杏林，邀與同席，訊知其屈。杏林曰：「邠守，吾故人也。」紫陽因懇石爲先容，並謂護送者曰：「能迂玉趾，有因緣可免此行。」乃同之邠，見太守，陳訴衷曲，竟獲免。紫陽德之，遂傳其道。

考吾國醫學，上承岐黃，與仙道本同出一源。杏林師既精於醫，復得受金液還丹口訣，於是潛修密鍊，較之他人，自然事半而功倍。後當宋高宗紹興二十八年秋，道成尸解，壽一百三十有七歲。越二年，有人復見師於羅浮山。曾作還源篇行於世，是爲南宗第二祖。

攖寧按　自古授道有三等：一曰神授，如魏夫人之感降真靈傳黃庭經是也；一曰仙授，如諶姆之倂許旌陽、鍾離之試呂純陽是也；一曰師授，如王重陽之傳七真、張紫陽之傳杏林是也。考當日紫陽雖得海蟾之道，只以功修尚淺，未能具足神通，以其有身，故每膺災難。郃州之役，直類囚徒。若非杏林師夙植慧根，別具隻眼，孰能識明師於韁鎖之下哉！尋師尋師，談何容易！

載民國二十四年（一九三五年）二月一日揚善半月刊第二卷第十五期（總第三十九期）

薛道光仙師略傳

石杏林真人之弟子，爲仙家南宗第三祖。

薛道光眞人像

丁亥正月蒲建輝仿繪

此篇參考陝西通志及悟真篇註始末並各種道書編成。

師姓薛，名式，字道光，又號道源，陝府雞足山人。嘗爲僧，法名紫賢，人稱之爲毗陵禪師。曾雲遊長安，留開福寺，參長老修巖，又參高僧如環。因觀枯椊有省，呈頌曰：「軋軋相從響發時，不從他得豁然知；枯椊說盡無生曲，井裏泥蛇舞柘枝。」二老然之。自爾頓悟無上圓明真實法要，機鋒迅捷，宗說兼通。鑑於六祖既已悟性，猶必求黃梅傳法，意金丹修命之術必有秘妙，斷非一己之智慧所能測度，遂盡力尋訪。時當宋徽宗崇寧五年丙戌冬，寓郿縣青鎮（即今陝西省之郿縣），聽講佛寺。遇一道者，年八十有五，黑髮朱顏，夜事縫紉。師異之，審知爲石杏林。試詢玄門中有張平叔其人乎。石曰：「張紫陽，即吾師也。」薛疑不能決，遂舉悟真篇詩句請益。石察其誠，略爲之宣解大要。薛昔日所蘊滿腹疑團，已如桶之脫底。於是始信石爲真得紫陽之傳者，因稽首執弟子禮。石笑曰：「君不懼有叛教之嫌耶？」薛曰：「生死大事，若拘守門庭，寧非自誤？」石首肯者再，並慨謂：「自紫陽先師授道以來，垂三十載，今方遇繼承之人。」因悉以金丹口訣相授。臨別，誡之曰：「此事非有巨室外護，則易生謗毀。可疾往通都大邑，依有力者圖之。吾從茲隱矣。」薛遂棄僧伽黎，幅巾縫掖，混俗和光，以了大事。道成，壽一百四十歲。有悟真篇註、還丹復命篇、丹髓歌等行於世，是爲南宗第三祖。

攖寧按　道、釋之爭久矣！佛教徒每譏修仙者，曰「外道」，曰「守尸鬼」，曰「未出欲界」，曰「饒經八萬劫，總是落空亡」等語。雖不欲置辯，但試問今世佛教徒，除念「阿彌陀」求生西方而外，尚有第二條路乎？較昔日科舉時代，胥天下英才盡束縛於八股圈套之中者，又何異耶？嗚呼！道光師非凡品矣。

又按　薛、石遇合，在宋徽宗崇寧五年，即民國紀元前八百零六年。考張紫陽傳道於石杏林，乃宋神宗時代，距徽宗時代，約有三十餘年。杏林未值道光，終日混跡市廛，即幸授受得人，遂急脱身歸隱，方知前此所以不即入山者，正欲求一可傳大道之人耳。三十年中，竟無遇合，最後始得毗陵禪師，以佛教之信徒，繼玄門之道脈，可見師尋弟子，亦非易事。今之傳道者，動輒曰「普度眾生」，若非滑稽，即妄語耳。

載民國二十四年（一九三五年）二月十六日揚善半月刊第二卷第十六期（總第四十期）

陳泥丸仙師略傳

薛道光真人之弟子，爲仙家南宗第四祖。

此篇參考道藏、白瓊琯真人集並古今圖書集成。

師姓陳，名楠，字南木，號翠虛，惠州博羅縣白水巖人，以盤櫳箍桶爲業，俗無知者。「櫳」字，亦可寫作「礱」，以堅木作齒，實土於其中，有上下二層。下層或用石作底，取其重而不搖。此物專作磨穀去殼之用，內地農家所必需者。　師嘗作盤櫳之偈曰：「終日盤櫳圓有圓，中間一位土爲尊；磨來磨去知多少，個裏全無斧鑿痕。」又箍桶偈曰：「有漏教無漏，如何水洩通；既能圓密了，內外一真空。」其超詣如此。然當時師雖已悟性，仍復訪求金丹立命之術，誓以一身攬性命之全功。有志者事竟成，遂獲親受太乙刀圭火符秘訣於毗陵禪師，又得景霄大雷瑯書於黎姆山異人。遇疾苦者，撮土與之，隨手而愈，故人皆呼之爲「泥丸先生」。

政和中按：政和乃宋徽宗年號，在民國紀元前八百年，任道院錄事。後歸羅浮，潛修密鍊，道成法備，驅狐治病，鞭龍救旱，浮笠濟流，含汞成金，顯諸靈異，不可殫述。嘉定四年四月，赴鶴會於朝陽，執事者惡其垢穢，坐之户外。師起，至危橋，溺水而逝。時葛尉往湖南省親，又遇師於寧鄉，乃四月十四日也。說者謂是仙家之水解云。今考嘉定乃宋寧宗年號，在民國紀元前七百年，距政和時約百年，因知師壽當有一百數十歲。又考翠虛吟云「嘉定壬申八月秋，翠虛道人在羅浮；眼前萬事去如水，天地何異一浮漚。吾將脫形歸玉闕，遂以金丹火候訣；說與瓊山白玉蟾，使知深識造化骨。道光禪師薛紫賢，付我歸根復命篇；辛苦都來只十月，漸漸採取漸凝結。而今通身是白血，已覺四肢無寒熱」等語，此時分明尚有肉體存在。所謂壬申者，即嘉定五年也。可知嘉定四年，相傳在朝陽墮橋溺水而死者，蓋遊戲神通耳。尸解之說，殆不足信也。有翠虛吟、紫庭經、丹基歸一論並金丹歌訣行世，是爲南宗第四祖。

攖寧按　盤櫳箍桶，賤業也；金丹雷訣，奇術也。秦皇漢武，挾天子之尊，畢世求神仙，尚不可得，而盤櫳箍桶之匠反優爲之。始信超凡入聖之事功，非富貴中人所能勝此大任，必也物色於風塵之外乎！

載民國二十四年（一九三五年）三月一日揚善半月刊第二卷第十七期（總第四十一期）

白玉蟾仙師略傳

白玉蟾眞人像

丁亥正月蕭建輝仿繪

此篇參考瓊琯真人全集、歷代仙史、古今圖書集成並各種府縣志編成。

師姓葛，名長庚，字如晦，南宋人，原籍閩清，因生於瓊州，故又字瓊琯。生時母夢一白物如蟾蜍，故別號白玉蟾。幼即聰穎，丰姿秀拔。爲詩文，有奇氣，援筆立成。年未弱冠，即棄家訪道，雲遊四方，備嘗艱阻。獲遇陳泥丸師於甬東海濱，遂相從之羅浮山參究金丹玄妙，九年不得其旨。宋寧宗嘉定五年壬申八月，泥丸師方作翠虛吟長篇歌訣一首授之。大義雖明，而微言未悉。後復於月夜侍泥丸師於巖阿松陰之下，乘機叩問，方了然於天水地三等仙階，上中下三成鍊法，退而作修仙辨惑論，以述其問答之辭。乃癸酉秋間事也。然猶未能罄其蘊。更歷二載，始畢聞之。故瓊琯真人集中謝仙師寄書詞有云：「三代感師恩，十年侍真馭；說刀圭於癸酉秋月之夕，盡歸結於乙亥春雨之天。」蓋自壬申至此，已四年矣。

金丹口訣而外，復得傳洞元雷法。世有木郎祈雨咒，七言三十八句，每值大旱祈雨時，道士輩羣誦之，輒驗。但咒語奧僻，索解無從，而玉蟾師能每字爲之註釋，可見其授受有自來矣。生平尋仙海嶽，浪跡江湖，到處留題詠，人皆寶之。善篆隸草書，工畫梅竹。性喜蓬頭跣足，衣敝衲，飲酒未嘗醉。博洽經史，話隱禪機，非徒以道術鳴也。

嘉定中，詔徵赴闕，對稱旨，命館太乙宮，封紫清真人。別號蠙庵、海瓊子、海南翁、雲外子、神霄散叟、三清選吏、武夷散人、瓊山道人、玉皇舉人，種種異名，不可勝數。古仙別號之多，以師爲最。住世年齡，無可徵信，後於武夷山尸解。詩文全集，現存道藏中。各書紀師神異事，未及備錄。是爲南宗第五祖。

攖寧按　志書有謂白紫清真人生於宋紹興甲寅三月十五日者。今考紹興甲寅，在嘉定癸酉之前八十年，而白師自作修仙辨惑論有云「自幼師事陳泥丸，忽已九年」，又所作謝仙師寄書詞有云「十年侍真馭，說刀圭於癸酉秋月之夕」各等語。禮云：「人生十年曰幼。」可知其十歲時即遇泥丸師，又相從十年，始得聞口訣，此時當不過二十歲左右。然則所謂甲寅者，恐非宋高宗紹興四年之甲寅，當是宋光宗紹熙五年之甲寅，因其距嘉定癸酉剛廿載耳。又觀蘇仲巖跋修仙辨惑論有云：「先生姓白，名玉蟾，自號海南翁，或號武夷翁，未詳何處人也。問之，則言十歲時師事陳泥丸九年，學鍊金液神丹九還七返之道。」據此，則歷代仙史所云「年十二應童子科，年十六專思學仙，雲遊四方，備嘗辛苦。淳熙初，年四十三，遊甬東海濱，遇翠虛陳師，事之九年，盡得其道」各等語，尚不能無疑。他書謂「父亡，母他適，因改姓白，師事泥丸陳翠虛於羅浮」云云，料其出家離俗之動機，或因環境所迫，幼年失其怙恃，不得已投於陳師門下爲一小道童耳。十九歲以前，閒居道觀中，所學皆世法，如詩文書畫、吹彈歌唱之類，像近代有名道觀中所常習者。十九歲以後，審其根器可造，方得傳道妙。以純乾未破之身，學清淨無爲之法，較悟真篇之作用，大不同矣。後有識者，幸勿拘泥於一脈單傳，遂將紫清丹訣與紫陽悟真相提並論也。

傳初載於民國二十五年（一九三六年）九月十六日揚善半月刊第四卷第六期（總第七十八期），像傳載民國二十九年（一九四〇年）十一月一日仙道月報第二十三期

王重陽真人事略

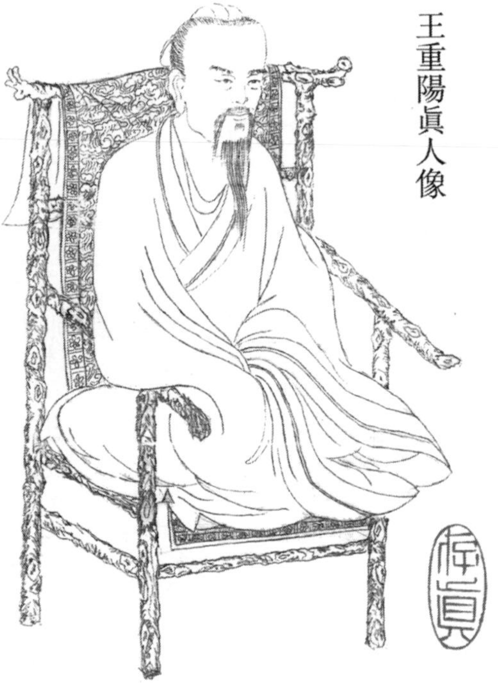

王重陽眞人像

丁亥正月蒲建輝仿繪

王重陽真人，始名中孚，字允卿，世家咸陽，生於宋政和壬辰十二月二十二日。膂力拔俗，矢心報國，早通經史，晚習弓刀，因易名世雄，字德威。初試武舉，獲中甲科，乃獻賦春官，寓言其非，因忤旨而黜，時四十七。喟然歎曰：「孔子四十而不惑，孟子四十不動心，已過之矣，尚吞腥啄腐，紆紫懷金，不亦愚甚乎？」遂解組歸，棄妻屏子，拂衣塵外，類楚狂之放蕩焉。至甘河橋遇二道者，各被白毡，倏然而坐，煙霞態度，霄漢精神。趨揖與言，皆出世語，滌塵浣濁，勦膏剔髓，如醉而醒，如喑如鳴。因再拜求道，密授口訣，有詩曰「四十八上始逢師」之句。明年，復遇於醴泉觀，更授金丹真旨，爲更名嚞，字知明。既而指東方曰：「汝何不觀之？」知明回首而望，見七朵金蓮結子。二師笑曰：「豈止如是，將有萬朵玉蓮房也。」知明拜求姓氏，曰正陽、純陽。曰：「時值九陽遇我，當號『重陽』，汝當立功累德，度世超凡。」二師去，乃穴居以修，名活死人墓。既而得心境大開，性光朗然。因更求二師指示虛空了當之旨。師曰：「小則獨善其身，大則兼善天下。」重陽感悟。聞朝廷棄川陝，乃出關東遊，接引度世，以應金蓮之兆。後又得鍾離之誡曰：「九轉成，入南京，得知友，赴蓬瀛。」重陽遂立願普化三洲，同歸五會：一曰「平等」，二曰「金蓮」，三曰「玉華」，四曰「三光」，五曰「七寶」。乃設一榜，隨在懸之。其文曰：「竊以平等者爲道德之祖，清淨之源，乃金蓮、玉華之本，三光、七寶之宗，普濟羣生，遍照世俗，銀餤充盈於八極，彩霞蒸滿於十方，人人願吐黃芽，比比不遊黑路。玉華者，氣之宗；金蓮者，神之祖。氣神相結，謂之神仙。心忘念慮，即超欲界；心忘境緣，即超色界；心不着空，即超無色界：離此三界，神居仙聖之源，性在清虛之境矣。」有先輩雲遊者見之，歎曰：「願力弘深，真旌陽再世。」重陽繼而至東萊武宮莊度劉處玄，登州傳道於譚處端、王處一、郝大通、馬丹陽、孫不二、邱長春，以足七朵金蓮之數。一日，忽召諸弟子曰：「昔祖師授我偈言云：『人當生於忠孝之世。』今上不行其道，我將赴約蓬瀛矣。」門人懼，乞遺世語。重陽曰：「三年前已題於壁矣，汝等猶未省乎？」復宣曰：「地肺重陽子，強呼王害風；來時隨日月，去處任西東。作伴雲和月，爲鄰虛與空；一靈真性在，不逐世人同。」註　地肺，終南山名。誦畢，奄然返真。白鶴翔空，青鸞繞漢，仙儀冉冉，高出雲端。士庶官僚，號呼瞻拜，靡不讚歎。師於昇遐之後，濬儀橋下談玄，誘藏老之心；劉蔣溪頭賜藥，愈張公之病；或舞蹈於昆明池右，或吟詠於終南境中：皆表其不死也。繼在文登縣作醮，於五色雲中見白黿甚大，皆有蓮花，師端坐於上，神變無窮，不能備錄。東海西秦，勸化道俗。其長歌長詠，殆十餘首，目之曰全真前後集、韜光集、雲中錄集、分梨十化說，皆有刻本行世。

載民國二十九年（一九四〇年）九月一日仙道月報第二十一期

馬丹陽真人事略

馬丹陽眞人像

寧海馬鈺，號丹陽，字宜甫。其母初孕時，夢麻姑賜丹一粒吞之，覺而生焉。時金天會癸卯五月二十日。家富，號「馬半州」。童時常誦乘雲跨鶴之詩，李無夢見之曰：「額有三山，手垂過膝，真大仙之材。」及長，里人孫顯忠妻以幼女。宜甫生三子，曰庭珍、庭瑞、庭珪。

宜甫題詩云：「抱元守一是工夫，懶漢如今一也無；終日啣盃暢神思，醉中却有那人扶。」兩試殿廷，不樂仕進。時年四十五，夢從老道士登天。適路遇重陽，云有宿契，因延之食瓜，從蒂起。宜甫怪問。曰：「香從臭裏出，甜向苦中來。」問：「來自何方？」曰：「不遠千里，特來扶醉人。」宜甫默念與前詩相合，異之，遂請歸師事。問：「何名道？」師曰：「五行不到處，父母未生前。」宜甫即悟大略。

重陽欲挽其西遊崑崙之煙霞洞，未能悉棄家業，不能進行。重陽分梨送食，凡十次，每次有詩以導之。多方指點，猶未脫然。一日重陽大醉，徑造內宅，臥於孫氏寢室。孫責其非禮，怒鎖之門內，令僕呼夫歸。孫告之，宜甫曰：「師與余等談道，不離己席，寧有是事？」及開鎖，其室已空。同往道舍窺之，師睡正濃。乃益加敬信。

明年，以家事付三子，夫婦傾心學道。重陽曰：「捨家散財，積功累德，方成大器。」以金丹秘訣五篇並口訣，以授宜甫；以天符雲篆秘訣授孫氏，賜名「不二」。重陽遂去。

不二與夫盡捨錙銖，同參妙旨，各居一處鍊心。後宜甫道成，頂結三髻，以示不忘師恩，自號「丹陽子」，亦傳道於李大乘、趙蓬萊、韓清甫、宋披雲披雲得師秘旨，乃先成道。

一日，於寧海環堵中謂門人曰：「今日當有非常之喜。」輒歌舞自娛，俄聞空中樂聲，仰見不二乘雲而過。仙童玉女，旌節儀仗，擁導前後。俯謂丹陽曰：「先歸蓬萊待君。」丹陽與弟子叙談，二鼓風雷大雨震動，遂東首枕肱而化。是夜，酒稅監郭復中聞有叩門者，啟視，乃丹陽。索筆書頌云：「長年七十一，在世無人識；烈雷吼一聲，浩浩隨風逸。」擲筆而出曰：「吾聞北人能崇儒好道，將歸東海之濱，以觀其盛焉。」比曉，聞丹陽已逝，方悟所見是陽神也。

其所著金玉集、漸悟集、精微集及十化三寶語錄等集，貫通三教，囊括五行，酬今和古，託物喻人，玄學珍之。

載民國二十九年（一九四〇年）十月一日仙道月報第二十二期

孫不二仙姑事略

孫不二仙姑像

丁亥正月蒲建輝仿繪

孫仙姑，名不二，號清靜散人，寧海縣忠翊幼女。寧海屬今山東登州府，非浙江省之寧海。金太祖天輔二年生，禀性聰慧柔淑，父以配馬宜甫，生三子。宜甫即北七真中所稱爲丹陽真人是也。丹陽既師事王重陽，故仙姑亦因重陽祖師之種種方便勸化，遂遠離三子，屏絕萬緣，詣金蓮堂祈度，密受道要。數年後，師挽丹陽西遊，居崑崙煙霞洞，姑獨留於家，勤修不倦。金世宗大定十五年，往洛陽，依風仙姑，居其下洞，後六年道成。時當大定二十二年十二月十九日，忽沐浴更衣，問弟子天氣卓午，援筆書頌云：「三千功滿超三界，跳出陰陽包裹外；隱顯縱横得自由，醉魂不復歸寧海。」書畢，趺坐而化，香風瑞氣，竟日不散。元至元己巳，賜號「清靜淵真順德真人」，道派名「清靜派」。

以上採自續文獻通考及登州府志，並他種紀錄，若欲知其詳，須閱道藏中關於北七真一派之記傳專集年譜諸書。

載民國二十九年（一九四〇年）八月一日仙道月報第二十期

劉長生真人事略

劉長生眞人像

丁亥正月蒲建輝仿繪

東萊武宮莊有劉處玄者，字通妙，金皇統丁卯七月十二日生，立誓不婚不宦，清淨固守。既得道，自號「長生子」。常乞食鍊形，離人遠物，退藏於天。時韓侂胄「侂」音「託」加封太師，聞福州劉處玄講解經義，欲往問其道。時處玄道成，定力圓滿，天光發明，於二月六日鳴鼓集眾告曰：「韓子殺機正熾，豈聞道者耶？吾欲赴仙師之約，爾等勿懈真修，勤行功德。」遂曲肱倏然而解。著有仙樂、太虛、盤陽、安閒、修真集六卷，及道德註、陰符演、黃庭述留於世。門人禮葬之，時長春、披雲、靈陽等俱來會葬，後分投化度。侂胄遇長春問曰：「人與仙一死耳，何見修爲？」長春曰：「噫！人死爲鬼，人皆懼之；鬼死爲聻，鬼見憚之。聻有罪則滅跡無形，謂之還空，即頑空矣。仙者神氣歸根，身心復命，超出三界，與道合真，謂之真空，而登天堂矣，豈同凡夫之死哉？」侂胄稍省，奏處玄羽化，請謚賜號「輔化真人」。其派爲「白鶴派」。

謹按 七真傳載劉真人因鑒於許真君之徒張世萬、張世千二人之事，遂入勾欄院與眾妓廝混，實行鍊心工作，以做到色即是空的地位。據說他做功夫後得到的效驗，能夠在他大腹上燒茶煮飯，冷水能變沸水。這當然是火候已純，真陽充足的緣故，所以能令禪宗初祖的達摩祖師心悅誠服的甘拜下風，遂致開一花五葉之教外別傳，明修棧道，暗渡陳倉之事。雖然，真人若在這個時代，恐怕就辨不到了。因爲在昔我們中國的妓女，尚沒有傳染到普遍流行的性交病。今時的人，倘也要如法炮製，非但心不能鍊好，而一身的梅毒是可以保險的，如橫痃、白濁、下疳等等的花柳症候，也自然有分的。非但工夫不能做好，而犧牲性命却是意中之事。故劉真人入院鍊心，於今實不可爲訓。要知道彼一時也，此一時也，爲學道之人所宜注意，而因地制宜，隨機應變，不可膠柱鼓瑟，尤爲學者之所宜深長思也。

載民國二十九年（一九四〇年）十二月一日仙道月報第二十四期

王玉陽真人事略

王玉陽真人，名處一，號全陽子，金皇統壬戌三月初十日生，受道於重陽，居雲光洞修真，志行堅固。道成大著靈異，度人逐鬼，蹈盜碎石，出神入夢，召雨憾峯，烹雞降鶴，起死噓枯，不可殫述。至是應召至燕，金主試其術，大副宸衷，隆禮加遇。嫉者飲之以鴆，乃歸寓入水，池涸而不死，辭歸隱去。著有雲光集、靈異錄授於徒，傳其派者爲「崳山派」。

載民國三十年（一九四一年）二月一日仙道月報第二十六期

丘長春真人事略

丘長春真人像

丁亥正月蒲建輝仿繪

登州棲霞縣，有丘處機者，字通密，戊辰年正月十九日生。自幼好道誠切，無書不覽。方二十歲猶爲童真，遇重陽於濱都鄉，拜求道要。重陽識爲道器，即授以丹訣，賜號「符陽」。金太子允恭有病，遍求醫治不效，聞龍門山丘處機有道，住召。辭不赴。重陽至山謂處機曰：「子之道業，當爲諸子冠，然行道濟時，廊廟更易，言行之間，福及羣生。自後有召，勿却可也。」處機領命，重陽遂回寧海。

處機初得師傳，二十七歲入蟠溪，穴居修道，戰睡魔，袪雜慮，斬三尸，滅九蟲，脅不至席。至三十歲，復居隴州龍門，苦行潛修，虛無妙合，始得道成，自號「長春子」。金主復聘處機至燕問道，對以仁民愛物，修德敬天。金主設館敬禮，處機苦行工夫仍如蟠溪。乃言東牟王處一於金主，亦即聘之。宋帝聞處機名召之，長春知火運已衰，力辭不至。鐵木真聞丘處機名，俟取燕召之。

處機於嘉定初，與其徒及黃房等，復遊於燕，金主仍賜居萬寧宮。每遊崆峒諸山。而玉泉之西湖，環十里，荷蒲菱芡，水禽沙鳥隱映雲霞中。大房山爲幽燕奧室，恒入其深處，數日不出。山東北有孔，水洞石窟，闊二丈許，深杳莫測。嘗有秉火浮舟探之，隱隱聞作樂聲，懼而返。至是忽見桃花流出人間，處機笑而不答。初遊夾谷迎祥觀，有柏已四百年，忽僵仆死。處機扶而摩之曰：「憐惜憐惜。」遂復活。

蒙古進圍燕，取涿州，召處機於房山，黃房與十八弟子爲之輔行。見於行營，首以清靜仁慈爲對，真大喜。金人乞和，真北還，處機辭曰：「不日當候駕於此。」真笑應而去。處機初住太極宮，禳災救旱，大顯玄風，爲北國輔相，贊翊諸人。至丁亥歲，太液池竭，處機曰：「其在我乎。」期於七月初九日作大慶會，升堂示衆，以生死事復勉之曰：「凡今之士，直以無爲，若只善其身，則功行何在？徒欲降世遊行，無益於民物，不如棲神崖谷，爲真靜也。」聞當時者願輔宣斯言，拯拔沉溺，機怡然曰：「道德通玄靜，真常守太清；一陽來復本，合教永圓明。」頌畢而逝。弟子殮葬於白雲觀右。後以頌言次第命名，爲「龍門派」。有蟠溪鳴道集、西遊記行世。其諸事跡及策詩誦，詳見慶會錄。未幾有見之於房山，衣冠如故。楚材歷言其默相於朝。元太宗封爲「長春演道主教大真人」，命立祠像於葬側，以酬其功。

按 北七真中，各有傳薪，但後系均不甚發達，惟龍門一派，迄今盛行於世。蓋丘祖輔世救民，功隆德厚，故源遠流長，枝榮葉茂，迥非其他各派所能及也。

載民國三十年（一九四一年）六月一日仙道月報第三十期

郝太古眞人像

丁亥正月蒲建輝仿繪

附一：呂純陽祖師事略

仙道月報編者

呂祖師純陽者，其祖先家居東平，繼遷京川。曾祖延之，終浙東廉使；祖渭，終禮部侍郎；父讓，爲太子右庶子，有温、良、恭、儉、讓，四兄遷海州刺史；母王夫人，於貞觀丙午四月十四日巳時，就褥林檎樹下，異香滿徑，天樂浮空，一白鴻似鶴，自天入懷而生，取名紹先，其狀鶴頂龜背，虎體龍腮，翠眉鳳眼，修頸露顴，左眉角有黑子如筯頭大，後變赤色，足紋隱如龜折。在襁褓，祖見之曰：「此兒骨格不凡，自是風塵表物，他時遇廬則居，見鍾則扣。」

呂子怡怡自得，天資穎敏。周歲即能誦讀，知孝悌，親戚珍之。甫五歲，從外傅居，燈火三年，凡典墳百家無遺。年二十，命婚劉校尉女，雖結縭而未之近也。雖長身高八尺二寸，淡黃笑臉，微麻，三髭鬚，喜頂華陽巾，服爛衫，繫大皂縧，貌類張子房，又似太史公。三舉進士不第。

天授二年，已四十六歲，父母使赴試，乃至長安，憩酒肆中，慨然長歎曰：「何日得第，以慰親心？何日得道，以慰我心？」旁一老翁，聞而笑曰：「郎君亦有出塵之志耶？」觀其人青巾白袍，長髯秀目，手攜紫杖，腰懸大瓢，並題三絕於壁曰：「坐臥常攜酒一壺，不教雙眼識皇都；乾坤許大無名姓，疏散人間一丈夫」；「得道神仙不易逢，幾時歸去願相從；自言住處連滄海，別是人間第一峯」；「莫厭追歡笑語頻，尋思離亂可傷神；閒來屈指從頭數，得到清平有幾人」。呂祖拜問姓字，答曰姓鍾離名權字雲房。呂亦題一絕曰：「生值儒家遇太平，懸纓重滯布衣輕；誰能世上爭名利，臣事玉皇歸上清。」雲房見詩甚喜。時當飯，雲房自起執炊。呂祖忽困倦，伏案假寐，夢以舉子赴京，進士及第，始自州縣而擢郎署臺諫給舍翰苑秘閣，凡諸清要，無不備歷，升而復黜，黜而復升，幾四十年，後又獨相十年，權勢熏炙，偶被重罪，籍没家資，妻孥分散，流於嶺表，一身孑然，窮苦憔悴，立馬風雪中。方興浩歎，恍然夢覺。雲房在旁微笑曰：「黃粱猶未熟，一夢到華胥。」呂祖悚然曰：「翁知我夢耶？」雲房曰：「子適來升沉萬態，榮悴多端，五十年間，直頃刻耳。得不足喜，喪何足悲？且有此大覺，而後知人世一大夢也。」呂祖感悟，再拜曰：「先生非凡人也，願求度世術。」雲房曰：「子尚有數年塵緣未了，再會乃可。」遂別去。呂祖恍惚如有所失，勉强赴春闈應試，竟名標雁塔，不禁啞然自笑曰：「又入黃粱夢耶，慎毋忘立馬風雪中時。」此爲咸通元年己卯六十二歲之事。

至咸通三年辛巳六十四歲，出仕江州，授德化縣令。遊廬山避暑，復遇鍾離，偕坐林間，清談永日，別後遂致仕歸家，徒步入終南，三遇鍾離，十遭魔試，初心不變，大道圓成。道成之後，即度八仙中之何仙姑、曹國舅及劉海蟾祖師、華陽李奇。又於邯鄲道上度盧生，其事與祖之遇鍾離翁相彷彿。蓋盧生名英，遇祖時，衣服垢敝，且歎曰：「大丈夫生世不諧，困苦至此。」祖問之，生曰：「士之生世，當建功立業，出將入相，以適其志。吾常勤學，自謂青紫可拾，今已四十，尚落魄不偶，非困而何？」言訖思臥。時旅店方炊黍，祖以青磁枕授之，夢與祖同。夢至被罪下獄，曰：「吾家有良田五頃，足禦饑寒，何苦求官，以至於此？今而後再欲穿敝褐、乘青馬行邯鄲道中，不可得也。」夢由少至老，歷盡窮達而醒，主人炊黍未熟。祖曰：「可適意否？」生歎曰：「寵辱之遭，窮通之運，得喪之理，生死之情，盡知之矣。先生所以窒吾慾也。」遂再拜求度。

今按 呂祖之在神仙中，可謂最熱心度世者。考呂祖全書中，則祖所度之人，殊不可勝計。故今人若提及「呂純陽」三字，幾無人不知。唐宋以來之神仙，其願力之宏深，慈心之迫切者，殆不能出呂祖之右矣。

載民國三十年（一九四一年）五月一日仙道月報第二十九期

附二：沈永良真人事略

陳攖寧

沈永良真人，浙省黃巖縣人也。幼孤貧，母命習工匠業，鬱鬱不得志。母歿，遂棄本業，投身行伍中，亦非所願，亡何復棄去，竟至天台桐柏宮，受道於金教善師。後遍遊名區，得傳南嶽高士内丹心法，從此佯狂玩世。飲必醉，語必顛，因自號「醉顛」。眾則以「沈魔頭」呼之，彼未嘗稍慍也。終歲一衲，不知寒暑；城市深山，隨緣棲止。又好與羣兒戲，人問之，曰：「吾以全吾天耳。」初不讀書，而談言微中，搢紳先生以是樂接之。壽踰古稀，無老態。清同治五年丙寅秋七月七日，尸解於洪家埸水邊，翹一足作鶴立狀而逝。有舊交池達庵者，時署江蘇太倉州知州，中秋節偶赴錢塘觀潮，路逢數童子作劇，用稻草繩牽真人過橋，邂逅達庵，歡然叙契濶如平日。是年冬，達庵返里嫁妹，真人忽造訪，未及通報而去，事後遍覓不見。詢知其羽化實在七月間，方悟八月武林橋畔所遇，及冬季所降臨者，乃陽神而非肉體也。池君慨歎久之，遂遷其遺蛻歸葬於羽山之陰，俾勝跡與仙蹤共垂不朽焉。

攖寧子曰　黃巖沈真人奇聞軼事，見於記載者甚夥，其詳情自有縣志、山志等書以顯揚之，非余拙筆所能爲役，茲篇止以應蔣君之命耳。惟同治丙寅距今歲庚辰，不過七十餘年，故老猶存者，尚能追憶兒時與沈魔頭共嬉戲事，然則近代無仙之說，殆不足信也。或疑沈固仙矣，而以顛著，何耶？抑知品格超凡謂之仙，舉動異常謂之顛。既已超凡，欲不異者，奚可乎？且世以俗眼觀仙，無有不顛者，酒中仙如唐之張顛，佛中仙如宋之濟顛，丐中仙如明之周顛，皆顛也，又何怪沈氏之號「醉顛」哉？

載民國三十年（一九四一年）一月一日仙道月報第二十五期

附三：閔小艮真人傳

陳攖寧

今世學道之士，讀古書隱樓藏書者頗多，對於閔真人事跡，則知者甚少，常有來函詢其始末者。茲篇見於上海位中善堂覺雲壇道統薪傳中，敘述詳明，特將其抄登本報，以示海內外諸同志。

閔大宗師，派名一得，原名苕旉，字補之，一字小艮，自號懶雲子，吳興世家。父大夏，舉於鄉，授河南息縣令，後改教諭餘杭。閔師幼聰穎，體素弱，九歲即奉道，後謁東籬高師於桐柏山，遂皈龍門宗派，命名「一得」，受服食擒引法，未幾病愈體充，資性過人。父命歸讀書，不為科舉業。比壯，有經世志，援例入選雲南州司馬。以父喪歸，不復仕。出訪名勝，歷吳、楚、燕、趙，足跡半天下。先後遇金懷懷、白馬李、李蓬頭龍門道士輩，皆龍門西竺心宗諸師也。相與講論，多所契合。

乾隆五十五年庚戌，閔師攜大戒書，往雲南謁雞足道者。道者來自月支國，休於滇南雞足山，無姓名字號，自稱「野怛婆闍」，華言「求道士」也，所精惟斗法。順治十六年庚子，始至京師，觀光演鉢，崑陽王祖贈姓曰「黄」，命名「守中」，且曰：「汝但住世越一百三十秋，大戒自得。」遂囑返。仍持斗秘，精勤不懈。迨乾隆庚戌，閔師攜大戒書往謁時，距順治庚子，正一百三十年也。道者見而喜之，遂以西竺斗法付師，易大戒書，懸王祖像，泣拜而受。顧閔師曰：「西竺至寶，汝已易得，善護正宗，戒虧則力薄。」師亦拜而受之。歸纂大梵先天梵音斗法，凡十部，計十一卷，刊傳於世。

有沈輕雲律師，爲東籬首座弟子，學綜三教，得東籬真傳。東籬宗師示化時，師年纔踰弱冠，復從沈學，以師禮事之，遵高師命也。其及門諸子，皆瑩卓一時，師獨得其法。後沈師羽化，金蓋山純陽宮師遂主之。閉關修道，憫其法嗣凌替，屋宇傾頹，慨然思振其緒，於是修葺增壯，拓其規模，啟方便法門，俾三教同修。儒者讀書窮理，治國齊家；釋者參禪悟道，見性明心；道者修身寡過，利物濟人。至律、法、宗、教四宗，及居家出仕，入山修道，尋師訪友，蓄髮易服，均任有志者自然而行，總不外五倫八箴爲體用，故曰龍門派中之方便法門也。自是學者日進，當代名公卿相，緇流羽士，以至胥吏僕輿，欽其道範，納交受業者，實繁有徒。入室者雖不多，而誘掖獎勵，因其言而自新者亦不少，咸稱爲「補之先生」焉。

師朗若秋月，和若春風，定則如山，虛則如谷，中年學已貫徹，晚境更臻純粹，語默無非至道，起居純是天機。至於樂善好施，精神強固，猶其小焉者也。其教人也，有體有用，有本有末，篤於實行，不事神奇。嘗憫丹經邪正混淆，流弊滋多，爰取平日聞於師友，及四方好道人所藏之本，讎校勘訂，屏斥邪說，悉歸中正。所著金蓋心燈八卷，沿流溯源，發潛闡幽。古書隱樓藏書二十八種，及還源篇闡微，以儒、釋之精華，詮道家之玄妙，言言口訣，字字心傳，俾有志者循序漸進，自有爲以造無爲，不至昧厥旨歸。石照山人謂其能集玄學之大成，周梯霞謂其篤實輝光，清虛恢漠，足以承先啟後，洵不誣也。

嘗冬夜遇一故人，衣薄見其寒色，師即解身裘衣之。族中停柩數十，貧不能舉，師爲擇地營葬。其惠澤及人多類此。所得雞足道者黃律師、輕雲沈律師秘傳諸法，因時而用，無不立應如神。繼其傳者，至今尚有人在。

歲乙未，年七十有八，就養於家。踰年冬，偶染微疾，倏然長逝。曾自擬身後楹聯曰：「修道只爲求己志，著書未盡度人心。」又集孟子語曰：「善養浩然之氣，不失其赤子之心。」即此數語，其生平可概見矣。

師生於乾隆戊寅十二月初二日，卒於道光丙申十一月初十日，住世七十有九歲，葬於金蓋山之東麓。

吳興　即浙江省吳興縣。

教諭餘杭　明、清兩朝，凡縣學皆置學官，有教諭與訓導二種名稱，其地位僅次於縣令。餘杭即浙江省餘杭縣。

桐柏山　乃浙江省天台縣天台山之桐柏宮道觀，非河南省桐柏縣之桐柏山。

龍門派　乃道教中之一派，始創於元朝邱長春真人，今日惟此派最盛，其他各派，人數不多。龍門派原有一百字，可以傳一百代下去。從元朝開國至今，將近六百七十年，龍門派僅傳到第三十代左右。

西竺心宗　此派乃雞足道者所傳。道者生於宋，至清乾隆壬子，閔真人復遇道者時，年已五百餘歲，而面貌若六十許人。因其皈依龍門，爲第八代傳「守」字派，故又稱「龍門西竺心宗」。其派下異人甚多，詳載金蓋心燈第六卷，玆不具錄。

王崑陽真人　派名常月，號崑陽，山西潞安人，乃龍門派中之傑出者。生於明嘉靖元年，化於清康熙十九年，住世一百五十九年。揚善半月刊第九十九期圓嶠真逸詩鈔有宗陽宮詠王崑陽詩云：「七代單傳衍北宗，真詮賴有闡揚功；龍門共仰靈光殿，鶴駕曾棲德壽宮。命學端須參性學，元風原不異儒風；一編碧苑壇經在，三戒明明日正中。」蓋道教以三大戒公開普渡者，始於崑陽真人，以前皆秘授也。

沈輕雲律師　此處所謂律師，謂已經受過玄門正式戒律者，非今日辦理訴訟案件之律師，切勿誤會。沈名一炳，乃龍門第十一代，本與閔真人同皈依高東籬真人門下，高羽化後，閔復拜沈爲師，較昔日邱長春真人之拜馬丹陽真人故事，如出一轍。其餘歷史，可與本報第十九期圓嶠真逸詩鈔參看。

服食撟引法　服食者以藥餌養生，撟引者以按摩導引治病。

月支國　月支即月氏，其國土在印度恒河流域及葱嶺等地。

雞足山　在雲南賓川縣西北，山形如雞爪，故名。相傳佛弟子迦葉在此山石洞中入定，等候彌勒降生。

大戒書　覺雲道統薪傳云：「閔祖之大戒書，得之於第八代譚心月祖師，派名守誠，自雲南太和宮寄與冠山陶某者。乾隆四十八年，閔祖遊冠山得見譚祖之戒律三册，其尾頁另署四十字云：『真人有命，青律傳孫，乃交黑兔，爰託文門，金果一得，龍樹載騣，黃中通律，懷之好音。守誠恭承師命敬題。』閔祖遽悟曰：『黑兔者，今年癸卯也；文門，閔字也；金果，金鼓洞有金果泉，我師派上承杭州金鼓洞也；一得者，我名也。』因告山衆，拜而受之。及閔祖攜大戒書至雲南奉授雞足道者黃守中，則後三句亦悉應，可知事在百三十年前預定也。」

大梵先天梵音斗法　覺雲道統薪傳云：「自閔祖以大戒書易得西竺斗法，歸纂大梵先天梵音斗法，傳之費撥雲師，費傳周抑凡、凌曉湖、陳牧齋三師，陳傳卞鼎三師，卞傳陸淇園師，師師相傳，淵源一貫，迄今斗法禱之輒應，靈異卓著。」

載民國二十九年（一九四〇年）九月一日仙道月報第二十一期

神經衰弱靜功療養法問答

陳攖寧 著

神經衰弱靜功療養法問答

一問　靜功和氣功是一是二？

答　靜功着重在一個「靜」字，不必要在氣上做什麼工夫；　氣功着重在一個「氣」字，那些功夫都是動的，不是靜的。　世間各處所傳授的氣功，有深呼吸法、逆呼吸法、數呼吸法、調息法、閉息法、運氣法、前升後降法、後升前降法、左右輪轉法、中宮直透法等等，法門雖多，總不外乎氣的動作；　靜功則完全是靜，在氣上只是順其自然，並不用自己的意思去支配氣的動作，若有意使它動作，就失了「靜」字的意義。

二問　靜功比較氣功，利弊如何？

答　氣功做得對的，能够把各種病症治好；　做得不對，非但舊病不愈，反而增加新病。　靜功做得合法，自然能够治好醫藥所不能愈的病症；　做得不合法，身體上也多少得點益處；　退一步說，縱然没有效驗，決不會又做出新的病來。　可知氣功是有利有弊，靜功是有利無弊。

三問　何種人可以做氣功？

答　凡是心思細巧，善於靈活運用，自己覺得有少許不對，就立刻停止不做，或者變換一個方式以應付之，像這種人可以做氣功。　若是心思粗笨，只曉得一味地蠻幹，做到身中發生特別的現象時，又不會應付，一定要做出毛病。

四問　何種人可以做靜功？

答　無論男性女性、年齡老少、心思靈活或不靈活，都可以做。只有性情浮躁、好動不好靜的人，不喜歡做這種工夫。　假使他願意做的話，也能够做出相當的效驗來，但比較那些性情安定的人，得效要慢一些。

五問　何種病症宜於用氣功治療？

答　今就中醫的學理而論，凡是肺氣虛弱，經常患傷風咳嗽者；　胃氣虛弱，食欲欠缺，消化不良者；　三焦濕阻，痰飲停蓄，變生諸症者；　中氣虛弱，腸不攝水，大便常患溏泄者；　腎氣虛弱，小便數量過多，時清時濁者；　肝氣虛弱，筋力懈惰，萎靡不振者；還有西醫學理上所謂新陳代謝機能發生障礙者。這些病症，可以用藥物治療，也可以用氣功治療。

六問 何種病症宜於用靜功療養？

答 凡一切本元虧損之病，如頭暈、腦脹、眼花、耳鳴、心跳、膽怯、失眠、惡夢、煩躁、驚悸、易怒、易悲、多憂、多慮、情緒紛亂、遇事善忘、上重下輕、肌肉瘦削、少食不够營養、多食不能消化、工作不耐疲勞、生活不感興趣，這些症狀，服藥難見功效，檢驗身體又不知病在何處，唯一的方法，只有靠病人自己用靜功療養，可望全愈。如果能配合太極拳或柔軟體操，靜功和動功相輔而行，則見效更快。

七問 普通靜坐法和氣功是分不開的，現在把靜功和氣功分爲兩件事，根據什麼理由？

答 靜功是靜的一方面事，氣功是動的一方面事，二者性質不同。普通靜坐法，不合靜功的原則。你看他們身體外表雖然坐在那裏不動，但是他們的思想還在身中運用，没有休息，雖名爲靜坐法，實際上仍屬於動的一方面，算不得真正的靜功。

八問 如何纔算得真靜?

答 第一步,身體不動; 第二步,念頭不動; 第三步,把自己身體忘記,不知道有「我」。

九問 做到這樣境界,有什麼好處?

答 人們身體上原有天然抗病的力量,但因身體衰弱或遇到其他障礙,致使抗病的力量發揮不出。靜功即是幫助他消除障礙,恢復自身本能,把原有的力量發揮出來,病就可望逐漸向愈。

十問 這三步工夫如何做法?

答 起首做工夫時候,不論是坐是臥,總要周身放鬆,不使它有局部的緊張,不讓它有絲毫的拘束,自己感覺非常的適意,做得恰到好處時,時間雖然經過長久,心中並不厭煩,身上也沒有痠疼、麻木各種難以忍受的情況,這樣就是肉體已經得到安靜了,但思想上的纏縛尚未解除; 再進一步,做到心無雜念,萬緣放下,已往事情不回憶，眼前事情不牽掛，未來事情不預計，腦筋完全休息，這樣就是精神得到安靜了，但心中尚知道有一個「我相」存在； 更進一步，就入於渾渾沌沌的境界，似乎睡着了一樣，什麼也不知道，並且不做夢，此時當然不知有我。 假使睡着了還要做夢，夢境中仍然有一個「我」在那裏活動，喜、怒、悲、恐、飲食、男女，見景生情，醒時有把握，夢中無把握，這樣不能算是真正的忘我。

十一問 正當靜坐時候，身體忽然不由自主地動起來了，各人表現的姿式又不相同，即使同是某一個人，而動的姿式亦常有變換，都不是由自己的意思所主動，這是很奇怪的現象，究竟是何理由？

答 這是人身本有的生命力所發揮的另一種作用，若把這件事認爲奇怪，那麼，人身上奇怪事情就多了。 請看肺部的呼吸、心臟的跳動、胃腸的蠕動、食物的消化、內腺的分泌、細胞新陳的代謝、鬚髮指甲的生長、精子卵珠的結合、母腹胎兒的形成，哪一件事能由自己意思做主？ 人們對於身體內部難以理解的狀態並不覺得奇怪，爲什麼對身體外部不由自主的動作，大家都認爲是奇怪呢？

十二問　身內各部的活動，從有生以來就不由自己做主，人人如此，所以不覺得奇怪，但身體外部的動作，一向是受自己意識所支配，今日忽然不聽命令，自由動作，恐怕長久下去，弄得不可收拾，終日的手舞足蹈，搖頭擺尾，那像個什麼樣子！　不知可有方法能够控制否？

答　只要你工夫做得合法，肺部呼吸順其自然，身體運動聽其自然，等於做柔軟體操一樣，那就没有妨害，動的時間過長，自然會停止。你若不耐煩，要它半途停止，也可以辦得到，工夫不做，精神不集中，再加少許抑制的意思，身體就不動了。但靜坐法總以不動爲原則，其動是例外，不可誤認爲凡是學靜坐法的人，身體必定要動的。

十三問　自從第一次動機開始，將來是否每坐必動，永久如此？

答　不是永久如此，等到四肢百節氣脈通暢以後，那時靜坐，身體即可安穩不動。但是，外面雖然安穩，腹内臍下之氣將來或不免要衝動，應當預先知道，免得自己臨時發生恐慌，不善於應付，以致誤事。

十四問　用靜坐法到了身體外部自然發動，對於療養有什麼關係？

答 人身上病症，有些是明顯的，有些是隱藏的。明顯的病症，自己和醫生都能够知道；隱藏的病症，就不容易覺察，甚至用種種方法檢驗也看不出。工夫做到相當的程度，身中氣機發動，遇着病的障礙，不能順利通過，就要和它鬬爭，因此四肢百節不由自主的運動起來；經過幾次運動之後，一部分障礙已被打通，若其他部分尚有障礙時，身體動作，自然又變換一種姿式；等到各處所有障礙逐漸排斥乾淨，此後雖仍舊用靜功，身體也不會再動了。

十五問 身體外部表現的姿式若很柔和，聽其自然發動、自然停止，那也無妨。倘或表現過於强硬，竟至拳打脚踢、横衝直撞，一時又不肯停止，如何是好？

答 這件事和病人體質有關。凡是宜於用靜功療養的體質，大概都屬於衰弱的類型，決不會有這樣强硬的動作。假使是健壯身體，偶然患病，自有對症的醫藥，不在靜功療養範圍之内，也可不必擔憂。萬一遇着病人體質本不適宜，而下手工夫又有錯誤，因此發生這個現象，當由指導員隨機應變，設法停止他的動作，再酌量病人體質，選擇別種合適的法門教他去做，就能免除妄動的流弊。

十六問　凡做靜功的，是否人人都要經過「身體自動」這一階段？

答　並非人人如此，身體動的是少數，不動的是多數。

十七問　大眾同做一樣的工夫，爲什麼有動有不動？

答　因爲各人體質不同的緣故。比如用同樣的藥品，治同樣的病症，彼此所得效果，却不盡相同，也是這個緣故。

十八問　專就靜功原理而論，身體是動好，還是不動好？

答　在古代許多專門修鍊的書籍上，只講靜坐時身體內部震動，未曾提到身體外部不由自主的運動。當時一般學靜功者，自始自終，都以身體安穩不動爲原則，假使中間有動手動脚的現象，其師必定說他是犯了原則性的錯誤，理應糾正。但據我數十年來耳聞目見，靜功做到身體運動不由自主者，頗有其人，結果有好的，也有不好的，很難一概而論。依我的看法，今日學靜功，目的本在治病，病愈就是好，病不愈就是不好；動得身體舒暢就是好，動得身體難受就是不好。不能單看動與不動作爲好與不好的標準。

十九問　靜功做到腹內臍下有氣衝動，是否在外部自然運動這一個階段經過以後，腹內纔會發生衝動的現象？

答　不能一定。（一）有少數做工夫的人，在外部自然運動將要結束的時期，腹內即開始有氣發動；（二）又有些人，外部自動時期雖已經過，而內部並無影響，中間再經過一段完全安靜時期，纔慢慢的覺得腹內有氣發動；（三）更有些人，始終未曾經過外部自動這一階段，工夫到了相當的程度，他們腹內也會有熱氣衝動，力量甚大；（四）尚有多數人，長年累月的工夫做下去，身體內外並未發現什麼特異的狀態，但是他們的衰弱身體，自己不知不覺的在無形中已恢復健康。所以做靜功的人們，外部、內部的動與不動，先動、後動，早動、遲動這些變化，實際上沒有一定的規律。

二十問　靜功到了相當的程度，身體外部不動，而內部有氣衝動，臨時如何應付？

答　此時身體仍要照舊靜坐不動，讓那股氣自動，只許用輕微的意思照顧它，切不可過分地用意思去幫助它或引導它，也不可强迫地壓制它。漸漸的，緩緩的，等候那股動氣自然蒸發、自然收斂、自然停止、回復平常狀態，再靜坐三十分鐘，然後下座。動氣在半路上未到完全停止的時候，不可由自己意思作主將靜坐工夫罷休，更不可受驚駭、被煩擾、起妄念、動惱怒，否則難免要出亂子。

二一問　靜功的療效，是否能用近代醫學上理論加以解釋？

答　靜功這一法門，在我國秦漢以前早有此說，它的來源是道家，不是醫家，而且歷代醫家並不用靜功療病。隋代名醫巢元方諸病源候論中雖專用各種導引法以治百病，然導引法只能算動功，不能算靜功，所以在中醫書上找不出理論根據。若在西醫書上去探索，更爲困難。惟自巴甫洛夫（蘇聯的生理學家，生於一八四九年，歿於一九三六年）學說出世以後，關於靜功療病的理論，大部分都能够解釋。扼要言之，無非使高級神經中樞免除一切障礙，恢復其本能而已。但全部靜功修養歷程上所顯出的特殊現象，仍有難以理解之處。我們今日的任務，只求善於運用古人的成法，幫助近代醫家治療神經衰弱的病症，那些特殊現象，可以暫時置之不論，留待將來再作專門研究。

二二問　今日所謂靜功，在古代修養書上可有同樣的名稱？

答　唐人書上名爲「坐忘」，宋人書上名爲「止念」，他們的理論有些和我所說的靜功相似，惟目的不同。我們以治病爲目的，他們以修養爲目的。但古今圖書集成中「靜功部」所輯錄諸家歌訣，複雜異常，不是純粹的靜功，學者切勿被他兩個字的名稱弄糊塗了。古今圖書集成中的「靜功部」，在博物匯編神異典第二百九十三卷至三百零二卷。

二三問　今日所謂氣功，在古代書上叫做什麼？

答　今日各處流傳的氣功，並非一個簡單的法門，是把古代所謂吐納、閉息、調息、存神、導引等等作用都包括在內。吐納者，就是由口中呵出肺部的濁氣，由鼻孔吸入外界的清氣；　閉息者，就是由鼻孔吸入新鮮空氣之後，使它在肺中停留些時，不要立刻放它出來；　調息者，就是呼吸要做到由粗而細、由剛而柔、由疾而緩、由淺而深的境界，但要自然漸進，不可勉强；　存神者，就是暫時把精神集中在身上某一固定的地點，不想別的念頭；　導引者，就是工夫做到下丹田有熱氣發動時，自己用意思引導這股熱氣通行身內各處，有病即可去病，無病亦可健身，但和武術家運氣之法不同，又和鍊內丹的性質各別，學者須要認識清楚，勿混爲一談。又如華陀五禽戲、八段景、十二段景、易筋經內外功及隋代醫家所撰諸病源候論上許多運動肢體的方法，已往都可以稱它爲導引法。武術家的運氣法、仙學家的內丹法、佛教中的觀想法，今日一概叫做「氣功」，因此就把氣功這個名詞弄得複雜極了。

二四問　氣功既然包括這許多種類，對於療病上必各有所宜。今日離開氣功，專講靜功，豈非使作用偏向一邊，立法尚欠完備嗎？

答　這件事也經過幾番考慮，不是沒有理由。

(一)別種療病的方法，無論藥療、理療即物理療法的簡稱，雖是千頭萬緒，但皆由醫師和護士們包辦，不需要病人自己費事。惟獨講到氣功，却要病人自己去做，他人不能代勞。有些病人嫌麻煩，不願意做；有些病人雖然肯做，又難得做好。必須在各種方法中選擇一種最簡單而有效的方法，使病人容易接受，因此就捨難取易，專講靜功。

(二)即如太極拳一類的動作，有刊物圖畫的說明可以參考，有教師表演的姿式可以模倣，尚且未必人人都能够煉好，何况氣功是身體內部之事，書本上不能畫出圖樣，指導員不能演出姿式，全靠病人自己善於領會其中的作用，所以有做得好的也有做不好的。今日爲求穩妥無弊起見，因此專講靜功，不講氣功。

（三）各種病症，都需要靜功和氣功相輔而行，纔可以收到效果。即如胃潰瘍症，若廢除靜功，單靠氣功，很難保證有確實的效驗。假使不用氣功，專做靜功，潰瘍也能够痊癒。這是我自己的經驗，並且經驗不止一次。近來各處以氣功療病著名的，實際上總兼幾分靜功在内，於無形中起了主要的作用。一般療養員病愈之後，大家都認爲是氣功的效果，不知靜功在暗地裏恢復健康之力甚大，氣功只有輔助作用。因此專講靜功。

（四）普通療養方法，其輕重緩急之間，皆由醫師掌握，病人一切聽醫師安排，對與不對，當然歸醫師負責。惟獨氣功這件事，是病人自己主動，醫師僅負指導之責，設若工夫做出偏差，影響療效，醫師說病人做法不對，病人又說醫師指導乖方，錯誤責任竟不知誰負。靜功比較氣功容易入門，即使難求速效，也不會弄出岔子。指導員把靜功做法對住院病人講說明白以後，即可讓他們自己去做，指導者每日視察病人兩次已足，無須時刻注意他們的動作。指導氣功和指導靜功，事實上顯然有難易之分、繁簡之異，因此專講靜功。

（五）現在所常見的慢性病，大概屬於衰弱一類的居多。有些衰弱病症，經過確實診斷，自可對症用藥。如消化機能衰弱，則用健胃藥；生殖機能衰弱，則用激性藥；造血器官機能衰弱，則用補血藥；新陳代謝機能衰弱，則用補氣藥，皆有顯著的效果。惟高級神經疲勞過度，並其他各種原因，而致逐漸衰弱者，中西醫皆無特效藥可用。只有使它在一個相當時期之內，完全休息，處於絕對的安靜狀態，才是本症唯一的療法。各種氣功都不合這個原則，因此專講靜功。

（六）人們日常生活條件所缺少的就是「靜」，晝夜二十四小時中，肢體雖有時休息，思想没有片刻能够安定，非但醒的時候腦筋運用不停，就是睡着了也要做夢，睡夢裏所感覺疲勞的程度，和醒時所感覺者無異。長年累月，精神消耗太多，神經衰弱病症遂由此而起。假使一般無病之人，每天於忙裏偷閒做兩次靜功，如能行持有恒，非但可以預防神經衰弱，並且能够延長壽命。因此專講靜功。

（七）何種氣功宜施於何種病症，何種病症不宜用何種氣功，這些問題並非簡單，必須結合學理與經驗，始能做出決定，做指導員頗不容易。縱使指導没有錯誤，而病人自己的工夫是否恰到好處、不過限度，亦復難言。所以氣功弄出偏差，可認爲意料中事。靜功適用的範圍極其廣泛，無論什麼人、什麼病，都可以做，並無所謂相宜或不相宜，指導員自不至於犯錯誤。做靜功的本人，只怕不及，不怕太過，出偏差之事很少有所聞。因此不講氣功，專講靜功。

（八）以上所說雖重在靜功，但不是將所有的氣功一概抹煞。若指導員深悉各種氣功利弊，再認清病人的體質和性格，臨時可選擇一種氣功教他去做，對於神經衰弱者所兼患的複雜病症，也容易增加療效。惟主要作用仍在靜功，氣功僅居輔助地位而已。

二五問 指導員應具備哪幾種資格？

答 已往老師傳授工夫，並不困難，只要把一套呆板的口訣教給學人，就算完事。將來做的對與不對，讓他們自己去摸索，教者既不負保證成功的責任，學者亦無刻期見效的要求。因爲他們心中別存一種希望，本非以治病爲目的，而且學者未必都是人人有病。今天住療養院的人，皆希望愈病，指導員實際上兼有醫師的任務，事情就不像已往傳授工夫那樣簡單。所以做指導員者應具備下列幾種資格：（一）要有醫學知識；（二）要有臨床經驗；（三）要性情溫和，不嫌病人的麻煩；（四）要虛心博訪，不執自己的成見；（五）要能預防做氣功的病人將來弄出偏差，及時予以矯正；（六）要能辨別做靜功的病人身中發生特殊的現象是好是壞，臨時教以應付。

內功包括佛道兩家的靜功和一切氣功的總稱各種法門，在往昔原是極少數人互相授受，從來沒有像今日各處療養院把它公開地作爲普遍醫療之用，這算是新創立的事業。

今日做内功指導員者，若不懂老一套方法，根本就無從說起； 若只曉得老一套，没有其他學識幫助，也不能滿足新事業的要求。 如果具備以上所列幾種條件，再不斷地加以學習和研究，務期方法貫通、理解透徹、經驗豐富、運用靈活，纔可以稱爲有資格的指導員。

二六問 開始準備做靜功，應當注意那幾件事項？

答 爲求工夫在一定時間内速獲效果起見，療養院負責人和療養員本人皆應當注意後列的十件事項。

(一)環境的喧寂。 凡做靜功，首要選擇環境，最好是山林泉石之間，其次是郊外曠野之處。 若市場、里弄有聲音喧嘩吵鬧的地方，皆不相宜。 人聲、車聲、機器聲、音樂聲、戲曲歌唱聲、小兒哭叫聲，要一概避免。 這樣就是使耳根清淨，聽神經不受刺激。

(二)空氣的穢潔。 四周空氣要十分新鮮清潔，無灰塵、無煤煙，無其他一切穢濁氣味。 如汽油氣、厨房氣、油漆氣、蚊香煙氣、消毒藥水氣，皆有妨礙。 室内家具越簡單越好。 陳列品太多，也容易發出不好的氣味。 植物茂盛的地方，空氣更於人有益。

這樣就是使鼻根清淨，嗅神經不受刺激。

（三）光線的明暗。關於室内光線一事，古代修養家貴在陰陽調和，勿使偏勝，所以說太明和太暗都不合適。我們今日宗旨專在療病，要使神經絕對的安靜，不受絲毫刺激，只怕太明，不嫌太暗。因此室中油漆、粉刷、窗簾等，皆宜用淺藍色，或淡綠色，不宜用大紅色及純白色，電燈光亦不宜太亮。室中陳列品不要有礙眼的東西，窗外望過去不要有討厭的印象。這樣就是使眼根清淨，視神經不受刺激。

（四）口味的濃淡。飲食調味，不宜過於濃厚，甜、酸、鹹、辣，皆要比平常所吃慣的口味稍爲淡薄，白煮清蒸宜多，紅燒煎炸宜少，十分鮮味也不相宜。煙酒最好能够戒絕。這樣就是使舌根清淨，味神經不受刺激。

（五）氣候的寒温。氣候對於做静功的人影響很大。氣候好，可以幫助工夫的進步；氣候不好，就要使工夫發生障礙。熱到穿單薄衣尚要出汗時，冷到穿厚棉衣尚不覺煖時，霉天潮濕氣重時，做工夫皆難見效驗。狂風暴雨、震雷閃電時，工夫亦須停止勿做。正在做工夫時，若氣候熱，不宜開電扇；若氣候冷，不宜燒火爐熱氣管子没有關係。有人說裝了煙囱的火爐就無妨害，這句話不合於衛生學理。煙囱的好處，固然可以排除爐中燃料所發出的碳酸氣。同時，火爐的不好處，也能消耗室内空氣中所含的氧氣。普通無病之人，缺少氧氣，尚且有害健康，何況有病衰弱之身體。如果一定要生火爐，切不可把門窗關得嚴緊，必須讓外面空氣能夠進來纔好。但有一層要注意，室内空氣雖要流通，又不宜讓冷風直接吹到病人身上，恐怕受感冒病。總計一年之中，没有半年的好天氣，今日好，明日未必好。從事於靜功療養者，若遇着天氣相宜，就應該及時下功，不可放過。

（六）食物的營養。含蛋白質的各種食物，雖於身體有益，但也要能够消化，否則，多吃反而有害。凡是患神經衰弱的人，消化力都不見佳，含豐富蛋白質的食物，宜勿過量。其他一切營養品，也要配合適宜，不衛生的零碎食物，皆要禁絕，勿縱口腹之欲，致誤恢復健康的大事。

（七）世緣的隔離。在正式住院用靜功療養期間，當然不能再擔任各種工作，但家庭老幼生活和自己經手事件，也要預先有個安排，免得臨時顧慮。住院以後，親屬朋友要少會晤，外面情況要少接觸，不宜多通電話、多看報紙、多寫信件，這樣，就能够使情緒安定，就能够使神經常處於靜的狀態，做工夫也容易入門，對於病體有利。

（八）思想的寄託。要費腦力的書，最好不看；帶有複雜算式及許多數目字的科學書，更不宜入目。若把看書作爲消遣之用者，可隨意閱覽前人的遊記、筆記，或近人的旅行雜誌等類。正當做靜功時，思想就寄託在「心息相依」的工夫上即聽呼吸法；出外散步時，思想就寄託在花艸樹木、山水風景上；每次進餐時，思想就寄託在食物的色、香、味上療養院供給病人的食物時，對於色、香、味三種條件，也應該研究；做柔軟體操時或練太極拳時，思想就貫注在肢體運動上。

(九)用功的時間。每日早晨天剛明時，做靜功最好，其餘時間也隨意可做。若用坐功，最少要坐三十分鐘，最多不宜超過一小時半。若用睡功，即不拘時間長短，能睡幾時就是幾時。夜間能一直睡到天明最好。若睡到半夜，翻來覆去不欲再睡時，可起身坐在床上用功。若坐到有濃厚的睡意發生、身體不能支持，然後再臥下。如此沒有睡不着的。惟飽餐之後尚未消化時，不可就靜坐，亦不可就睡眠，宜使身體稍爲活動。

(十)身體的姿式。靜功是以身心二者完全休息爲原則，姿式不關重要。或盤腿坐，或垂腿坐；或仰臥，或側臥；兩眼或全閉，或半閉道書上叫作「垂簾」；兩手或交互相握，或左右分開；手掌或向上，或向下，皆可隨意安排。惟坐式，自腰以上，身體要正直，不要彎曲，但也不要使勁地硬挺着，四面要凌空，不要有倚靠。臥式，自脚至頭，要逐漸高起，不要如水平。但又不宜僅用高枕放於水平線的床上，這樣辦法，只能使頭高，而全身不能順着斜起之勢逐漸地向上增高。此法宜用硬性的床，將頭部下面的兩只床脚墊高六七寸，足部下面的兩只床脚不墊，令這張床一頭高一頭低，就合用了。但遇腦貧血的病人，則不用此法。無論坐式或臥式，都需要身體全部儘量的放鬆，凡是束縛身體之物皆不宜用。皮鞋要脱去，袴帶要解除，勿使身上有一部分受壓迫。這樣纔能够達到完全安靜的境界。再者，蚊蟲、臭虱、跳蚤也要消滅乾淨，若有一兩個在擾亂，工夫就做不好。其他一切飲食起居事項，尚有未能詳言者，可按照普通醫院規則辦理。

二七問　靜功是在廣室中多人共做好，還是在小房中單人獨做好？

答　這兩種辦法各有利弊，不能說哪一種最好。集體做，在彼此互相觀摩之下，易收奮勉之功，也易起矜持之態；　單獨做，在個人行動自由之下，易獲幽閒之感，也易生懈惰之情。　佛家住叢林禪堂用功的，就是集體辦法；　住深山茅蓬用功的，就是單獨辦法。　雖然他們宗教家別有企圖，不合我們療養的宗旨，但其中的辦法也可以作爲參考。　今日辦療養院者，最好是兩種設備皆有，或集體做，或單獨做，按實際情况所需，隨時酌定。

靜功總說

前面所列二十七條問答，凡與靜功療養有關的事項，皆已從各方面設想，而暢所欲言，惟實際工夫下手做法尚未詳盡，再補充說明如後。

神經衰弱症，目前尚無良藥可醫，含燐質的藥品雖號稱補腦，亦嫌名實不符。其他一切興奮劑，或鎮靜劑，只能收暫時的效用，藥性過了，仍舊是衰弱，或更加嚴重。

使腦筋絕對安靜，排除一切思想，這是下手工夫最要緊的原則，也是神經衰弱最有效的良方。但因人們思想習慣，由來已久，要它一旦停止不動，很難辦到。爲求達到這個目的，古人就立出許多法門，比較起來，以莊子「聽息法」爲最好。

所謂聽息，就是聽自己呼吸之氣。初下手只用耳根，不用意識，並非以這個念頭代替那個念頭，更不是專心死守鼻竅或肺竅，也不是聽鼻中有什麼聲音，只要自己覺得一呼一吸的下落，勿讓它瞞過，這就算是對了。至於呼吸的快慢、粗細、深淺，皆任其自然變化，不用意思去支配它。聽到後來，神氣合一，雜念全無，連呼吸也忘記了，漸漸地入於睡鄉，這纔是神經由衰弱恢復健康的過程中最有效力的時候。就要乘這個機會熟睡一番，切不可勉强提起精神和睡意相抵抗。睡醒之後，可以從頭再做聽呼吸法，又能够安然入睡。若是在白晝間睡了幾次不欲再睡時，不妨起來到外面稍爲活動，或揀樹木多、空氣潔的地方，站在那裏做幾分鐘吐納工夫也好，或做柔軟體操、練太極拳也好，但要適可而止，勿使身體感覺疲勞。回到房内，或坐或臥，仍舊做聽呼吸的工夫，還可能入於熟睡的境界。

凡患神經衰弱的人，大半兼有失眠症。安眠藥片不宜長服，只有聽呼吸一法，可以根本解決問題，毫無流弊，而且與黃帝内經上所說「陽入於陰」的理論相合。靈樞大惑論：「衛氣常留於陽，則陽氣盛；不得入於陰，則陰氣虛，故目不瞑。」

前人書中常有「心息相依」這一個專門術語，但未說明如何依法。蘇東坡的工夫，是先用數息法，後用隨息法；朱子調息箴的工夫，則是楞嚴經「觀鼻端白法」。但數息要用意去數，不能純然無念；觀鼻要開眼觀，時候久了，眼神難免疲勞；只有莊子聽呼吸法，心中不需要起念，久聽也不覺疲勞，纔真能合於「心息相依」這個軌轍。今將這三種方法列舉如下，並加以淺釋，好讓學者自己去實驗。

一 蘇東坡養生說 見東坡志林卷一。

原文 已饑方食，未飽先止；散步逍遥，務令腹空。當腹空時，即便入室，不拘晝夜，坐臥自便。惟在攝身，使如木偶。……又用佛語，及老聃語，視鼻端白，數出入息，緜緜若存，用之不勤。數至數百，此心寂然，此身兀然兀，音「屋」，與虛空等，不煩禁制，自然不動；數至數千，或不能數，則有一法，其名曰「隨」，與息俱出，復與俱入，或覺此息，從毛竅中，八萬四千，雲蒸霧散。無始以來，諸病自除，諸障漸滅，自然明悟。譬如盲人，忽然有眼，此時何用求人指路。是故老人言盡於此。

淺釋　注意養生的人，食物要有節制，必須等到腹中覺得饑餓時，纔可以進食，尚未吃得十分飽滿，就應當停止。每餐後宜到室外空曠地方自由自在地散步，使腹中的食物大部分都消化了，此時就回到房裏去準備做靜功。不論是白天或是夜晚，也不論用坐式或用臥式，聽各人自便，只要管住自己身體不讓它動搖，像木頭人一樣，就算合法。身體已經安置好了，即照佛家所說的法門和老子所講的工夫合起來做，用兩眼觀看自己的鼻尖，並同時用意數鼻中呼吸出入的次數，要訣貴在勿忘與勿助。「勿忘」就是「緜緜若存」，「勿助」就是「用之不勤」。普通數息法，若數出息即不數入息，若數入息即不數出息，一呼一吸只算一次，不能算兩次。數到幾百次以後，心中寂然如虛空，身體兀然如山石，不需要勉强去禁止和制服它，身心二者自然都安靜而不動了。數到幾千次以後，或無力再數下去，此時另有一個法子應付，叫作「隨」

字訣。當息出時，心也隨它同出；當息入時，心也隨它同入。有時或感覺到這個息似雲霧蒸發散布於周身無數的毛孔中原文「八萬四千」是形容身上毛竅之多，不是實在的數字，不由鼻孔出入。工夫做到這樣地步，久遠以來的各種病苦和障礙，都能够逐漸滅除，心裏也就自然明白而開悟了。譬如瞎子，此時忽然眼睛透亮，自己能够看見道路，用不着再要求他人指點了。

二　朱子調息箴　朱子全集第八十五卷。

原文　鼻端有白，我其觀之，隨時隨處，容與猗移容與，閒暇舒適之義。猗，音「依」。猗移，隨順之義。靜極而噓，如春沼魚，動極而翕音「習」，如百蟲蟄。氤氳闔闢，其妙無窮，誰其尸之「尸」字作「主」字解，不宰之功。後四句節略。

淺釋　觀鼻端白，原是佛教楞嚴經上二十五個圓通法門中第十四個法門，蘇東坡、朱晦庵兩人都採用了這句話，但他們的說法並不完全和楞嚴經相同。朱子的意思是說，做這個工夫，不論什麼時候、什麼地方，身體總要安閒而舒暢，不要弄得周身難過；又要心平氣和，順其自然，不要勉強執着。氣機靜到極處，它自然要動，就像春天的魚類，浮在水面噓氣；氣機動到極處，它自然要靜，就像冬天的蟲類，伏在土裏翕氣翕是聚斂收攝之義。此時身中之氣，交互團結，有天地氤氳之象；一動一靜，有乾坤闔闢之機。妙處是說不盡的。若問是誰在那裏作主？其實並無所謂主宰，而是自然的功能。

三　莊子心齋法　莊子第四篇人間世。

原文　顏回曰：「敢問心齋？」仲尼曰：「若一志；無聽之以耳，而聽之以心；無聽之以心，而聽之以氣；聽止於耳，心止於符。氣也者，虛而待物者也。唯道集虛，虛者心齋也。」

淺釋　顏回是孔夫子的學生，仲尼是孔夫子的外號。顏回問「心齋」兩個字是什麼意思？孔夫子說，你應該把心裏的念頭集中在一處，不要胡思亂想，等到念頭歸一之後，就用「聽」字訣，但不是用耳聽，而是用心聽。這還是粗淺的說法。就深一層工夫講，也不是用心聽，而是用氣聽。到了這樣境界，耳聽的作用早已停止了，神和氣兩者合而爲一，心也不起作用了。氣的本質是虛的，它要等待一種東西來和它相集合，只有「道」這個東西常和太虛之氣集合在一起。工夫如果做到心同太虛一樣，就算是心齋。

以上是孔夫子告顏回問心齋工夫的做法。這種工夫是一連串做下去的，中間本無所謂階段，但爲學者容易入門起見，不妨在整個工夫中劃分幾個步驟，再詳細的加以說明。

第一步：「若一志。」「若」字作「你」字解，「志」就是思想，也可以說是念頭。當起首做工夫的時候，心中思想要專一，不要有許多雜念在裏面打攪。雜念如果不掃除乾淨，工夫很難做得好。

第二步：「無聽之以耳，而聽之以心。」「無」等於「毋」，也可以作「勿」字解；「之」字是代名詞，指所聽的對象而言；「以」字作「用」字解。念頭歸一了，就開始做工夫，用「聽」字訣。普通所謂聽，本是用兩個耳朵聽各種聲音。此處所謂聽，決不是聽聲音。人們就要發生疑問了，既然說聽，必有所聽的對象，不聽聲音，又聽什麽？這個問題，在各家註解上都找不到明確的回答，今日特爲指出：初下手，就是聽鼻中呼吸之氣。凡呼吸系統正常而不發生障礙的人，鼻中氣息都沒有聲音，所以說「勿用耳聽」。雖是沒有聲音，但自己却能够知道鼻中氣息一出一入，或快或慢，或粗或細，縱然是聾子，也會有這個感覺，所以說「聽之以心」。

第三步：「無聽之以心，而聽之以氣。」此處又引起問題了。心是有知覺的，還可以說得上一個「聽」字。氣是沒有知覺的，如何也能夠用它來聽？心所聽的對象是氣，氣所聽的對象又是什麼？若說用氣來聽氣，這句話在理論上講不通，究意怎樣解釋纔好？答曰：聽息的工夫做得時間長久，心和氣已經打成一片，分不開了，氣不能作爲心的對象了，不能再說用這個心聽那個氣，所以說「無聽之以心」。此時身中的神和氣雖然團結在一處，尚未達到混沌境界，還稍爲有點知覺，繼續做下去，並不需要許多時間，自然就完全無知覺了。從有知覺到無知覺這一段暫時的過程中，與其說以心聽氣，使心和氣相對立，不如說以氣聽氣，使心和氣二者之間泯去裂痕，所以說「聽之以氣」。此處雖仍舊說「聽」，實際上就是不要再着意於「聽」。成語所謂「聽其自然」「聽之而已」「聽他去罷」這幾個「聽」字，是此處最好的解釋。

第四步：「聽止於耳，心止於符。」初下手做工夫，注重在「一」字訣。等到念頭歸一之後，就注重「聽」字訣。假如長久地抱住一個「聽」字不肯放鬆，也嫌過於執着，再後就要用「止」字訣了。所謂「聽止於耳」，就是教人不要再着意於聽。此時工夫已漸漸地入於混沌境界，身中是神氣合一，心的知覺已不起作用。所以說「心止於符」（符即是符合之義。）這種神氣合一的狀態是無知無覺的，外表上看來和睡着了一樣，但內部的情況是不相同的。

第五步：「氣也者，虛而待物者也。唯道集虛，虛者心齋也。」以前由淺而深的境界，一步一步地都經過了，最後到了「虛」的境界。這個「虛」，是從無知無覺以後自然得到的，不是用意識製造出來的。如果做工夫時候，心裏常常想着要虛，反而不能虛了。全部工夫原是由後天返還到先天，所以第五步工夫，應該就先天境界去體會。若問如何叫做先天，這件事已越出療養法範圍之外，此處不必深談。普通用靜功療病，只要做到身中神氣合一的境界即「心止於符」已足够了。

今將以上所列三種法門作一個總結：蘇東坡是先數息後不數，他所謂「隨息出入」，就是隨其自然，不要再去數它；朱晦庵是先做觀息後不觀，他所謂「不宰之功」，就是順其自然，不要再去觀它；莊子是先聽息後不聽，他所謂「聽止於耳」，就是任其自然，不要再去聽它。三人下手的工夫雖然不同，後來都歸到同一條路上，學者可以參合而用之。

青年神經衰弱者，用此法三個月，可以愈十分之七八；中年神經衰弱者，用此法三個月，可以愈十分之五六。但病有輕重之別，此指病重者而言，病輕者差不多可以全愈。出療養院後，回到工作崗位時，每日早晚仍宜抽空做兩次，勿使間斷，纔能繼續維持已得之效果，逐漸完成未了之餘功。

治遺精病的特效法

遺精這件事有生理關係和病理關係之不同。青年人半月一次、中年人一月一次者，是生理上常有的現象，不能說它是病。若一星期有數次之多，或性交無力、滑流不禁者，纔算是病態，急須要治好，否則身體永無健康之望。

因爲神經衰弱，性器官無控制之力，所以常患遺精。因爲洩漏太多，神經缺滋養之源，遂致更加衰弱。此兩者互爲因果。遺精病若不治好，神經衰弱病恐難收全功。所以又附錄此一法，使動功和靜功相輔而行，立法始稱完善。

靜功療神經衰弱，雖大有效果，但於防止遺精，尚無顯著的成績；氣功有時雖能愈遺精，有時亦不起作用，假使做得不好，遺精反而加甚。惟有此處所說的運動法，人人會做，個個有效。

此法要在床上做，床要一頭高一頭低，高低相差六七寸，下面是硬板，上面鋪厚褥。若是鋼絲床、棕棡床，皆嫌太軟不合用。靜功也需要這樣的床，前面第二六問答「身體的姿勢」一項中已經提到。

這個動功是專門鍛鍊腰腎和精竅部分，每天要做兩次。一次在晚間就寢，擬用睡功，尚未臥下時；一次在早晨睡足，將要起身，尚未下床時。先坐在床上，面向床低處，背向床高處，兩腿向前平伸勿屈，脚尖朝天，自腰以上，身體挺直，兩手掌搭於兩膝蓋骨，是爲預備姿式。然後分成三個動作：（一）兩手握拳，將兩拳縮回，緊貼於左右肋下，肘尖儘量伸向後方；（二）再將兩拳放開，掌心朝天，由兩耳旁向上直託，似舉重物，兩臂伸直勿屈，使兩手背覆蓋頭頂，兩眼仰觀兩手背；（三）再低頭彎腰，同時將兩臂向上伸直的姿式改爲向下向前直伸，使手指碰到脚趾尖，再回復到身體正坐、兩手搭膝的原狀。是爲一遍運動完畢，第二遍仍如原法。初做以十遍爲度，可以多練習幾天，等到做熟以後，即逐日增加一遍。做到兩個月後，可以每次做六十遍，連最初的十遍計算，就是七十遍。如果身體衰弱，氣力不够，做七十遍覺得疲勞，也可以減少遍數，或五六十遍，或三四十遍無妨，但至少每次要做三十遍。若問動作的快慢如何，最好是宜慢不宜快，一分鐘最多只許做五遍，六分鐘做三十遍。

做這個動功，有一件事須要注意：當低頭彎腰手指與脚趾接觸時，兩腿要伸直，不可彎屈。普通未曾練習之人，此時若將兩腿伸直，每苦於手指和脚趾距離數寸之遠，很難碰到一處，但也無妨，只要每日照樣做，總有一日能够碰到。

正當低頭彎腰手指攀脚趾尖時，兩腿如果十分伸直，絲毫不屈，後腰部和兩腿彎必定發痠音「酸」，腎囊後和肛門前必定拉緊，會陰部必定和床褥互相摩擦。這些就是治遺精病特效的作用，要稍爲忍耐一點，不可畏難中止。但也要依次漸進，不可蠻幹。每次無論多少遍，做完之後，需要休息，在床上靜坐三十分鐘，勿急於下床。

此法不但能治夜夢遺精，縱然比遺精更嚴重的，如白晝滑精，或性交早洩，也能够治癒。若已結婚的男子，不住醫院而在家中，正當練功的期間，務必分床獨宿，禁止房事三個月能多幾個月更好。否則，今日尚未將關竅收緊，明日又去把它打開，那是永遠練不好的。

另有呼吸升降作用、意識導引作用，都是身體内部的事，若能同時和外部的運動並做，效力更大更快，在短期間就可以緊閉遺洩之門。但因做法複雜，紙上寫不清楚，而初學又不容易做得合法，不合法就要出毛病，今爲避免困難起見，所以此處不談。普通患遺精病者，僅做外部簡單的運動已够用了。如果每天不斷的做去，兩三個月之後，必有良好的成績表現出來，足以使練功者增加自信力。

後序

世間各種病症，皆有醫治之方，或用內科藥劑，或用外科手術，或用物理療法，多數可獲全愈。惟癌症是人類的大患，中西醫家皆無善法可以根治。其次就是神經衰弱症，雖不似癌症那樣厲害，但也使一般醫家感到苦悶。從事於腦力勞動之人患此症者，今日較爲普遍。神經是生命的樞紐，本體雖也是物質構成，等到它已經衰弱了，僅用藥物去培補，却不容易見效，只有純粹的靜功，甚爲神經衰弱最好的療法，能够直接使它恢復健康。

我這次住在屏風山療養院中，爲本院新設的靜功療養一科盡少許微薄的義務，幸未失敗。但因我不能久居此間，遂擬編寫一種理法俱備的講稿，留給後來繼續主持此事之人。惟以時間局促，希望此稿速成，勢難從容不迫地作有系統、有章節的叙述，只好採取問答體裁，逐條辯論下去，想到哪裏，就說到哪裏其中包括本院醫師及病人在當時和我互相問答的對話，隨後加以整理而成。這件事是現代新創立的學科，前無舊例可援，沒有一本書足供參考，又因醫學家不習練修養工夫，修養家不探求醫學知識，亦無第二人可以商量此處所謂無書參考、無人商量，是一九五七年以前的情況，不是說後來的事，全部所說，都是我自己過去六十餘年的經驗，並非由先生傳授或同道幫助上得來。自始至終，共計問答二十七條，後加靜功總說一篇、治遺精特效法一篇，拿來應付神經衰弱的病症，大概已够用了。

此篇只算是初稿，其中理解或有不能圓滿處，方法或有不甚周到處，文字或有不盡合適處，俟將來得暇再作第二次的修改。

公元一九五七年八月農曆丁酉歲陳攖寧寫於杭州屏風山工人療養院

載一九六三年道協會刊第三期